L'ÉCHEC SCOLAIRE N'EXISTE PAS !

Juliette Speranza

L'ÉCHEC SCOLAIRE N'EXISTE PAS !

Albin Michel

À Pablo, Mathilde, Victor et Gaspard.

INTRODUCTION

L'échec n'est pas une fatalité

« Elle n'est pas normale », « On ne pourra jamais rien en faire », « L'école c'est un cataplasme sur une jambe de bois ». Entre les murs de nos écoles, les enfants sont triés en toute impunité dès le plus jeune âge. Il y a ceux qui sont « intéressants », « éducables », « civilisés » et ceux dont on ne pourra jamais rien tirer.

Ces propos intolérables, je les ai entendus plus d'une fois dans mon parcours d'enseignante. De la maternelle au supérieur, en passant par l'enseignement professionnel et l'intervention artistique, mon expérience m'a confrontée à cette évidence : l'évolution des discours académiques, la prise de parole des élèves et des enseignants ostracisés ne suffisent pas à éradiquer le phénomène de l'échec scolaire.

L'institution reste convaincue que le naufrage de l'éducation est une fatalité. Ma perplexité face au cynisme et à l'intolérance du système scolaire fut si grande que j'ai pris la décision de quitter l'Éducation nationale pour m'impliquer dans la recherche, afin de combattre autrement. Lutter contre l'échec, les normes qui le fabriquent, et contribuer au projet d'une école respectant la diversité de toutes les intelligences est aujourd'hui une urgence.

Au-delà de l'indignation ressentie, mon expérience m'a incitée à m'interroger sur nos certitudes en matière d'intelligence. Et si l'intelligence humaine était plus vaste et plus mouvante que les catégories qui régissent la réussite scolaire ? Le sceau de l'échec, marqué à l'encre ou du bout des lèvres, conditionne le parcours d'un élève. C'est ce jugement qui insufflera ou non à l'enfant l'audace de prendre sa place à l'école, dans la vie, et de s'y sentir légitime. Rien ne nous permet de prédire que ce petit garçon qui joue tout seul est un être asocial. Rien ne nous permet de déduire que cette enfant qui confond les lettres est une attardée. Ni la science ni l'éthique ne nous y autorisent. Il faut nous remettre en question, ne plus laisser l'éducation être dévoyée par cette chimère qu'est l'intelligence unique et se complaire à fabriquer l'échec.

Des élèves éducables, d'autres pas

La religion de la normalité est impitoyable. Cette exigence condamne des générations d'enfants. Notre conception de l'intelligence, qui ne fait pourtant l'objet d'aucun consensus scientifique, est extrêmement pauvre et, par conséquent, discriminante. Le simple fait de nommer « intelligence artificielle » un algorithme imitant quelques compétences humaines souligne le caractère prévisible et logique de l'idéal intellectuel. Comme il y a des « canons » de la beauté, il y a des « canons de l'intelligence ». Pour s'en convaincre, il suffit d'observer les élèves considérés comme « bêtes » ou « inadaptés » : cette élève qui oublie une consigne quelques secondes après l'avoir entendue. Celui qui est trop lent. Celui qui va prendre une information « au pied de la lettre ». Celui qui ne sait pas écrire. Celui qui ne dispose pas de la même culture générale que les autres. Celui qui est naïf, qui se fait voler un sac de billes parce qu'il a accepté de le prêter à un CM2. Celle qui oublie trois fois de suite d'apporter son classeur vert. Celui qui n'arrive pas à suivre les procédures. Implicitement ou explicitement, ces *manifestations* sont cataloguées par la machine éducative comme celles d'un élève « moins » intelligent, et donc inférieur.

L'exemple de la surdité est éloquent. Depuis Aristote qui les estimait « inéducables », en passant par Graham Bell – issu d'une famille de sourds, qui milita pour l'interdiction du mariage des sourds, et pour leur stérilisation – jusqu'à nos jours où les mères sont obligées d'organiser des campagnes de *crowdfunding* pour scolariser leurs enfants, les sourds sont considérés comme des individus « à part », dont l'instruction n'est pas une évidence pour l'Éducation nationale.

Il y a à peine plus d'un siècle, on notait la présence chez certains élèves de « stigmates de dégénérescence » (des incisives mal implantées, des oreilles asymétriques, et même l'onychophagie[1]) comme des signes de débilité, et donc d'inéducabilité. Cette

1. Tendance à se ronger continuellement les ongles.

logique de discrimination est le fruit de l'enracinement de nos systèmes éducatifs dans ces certitudes.

Depuis l'élaboration du fameux test de quotient intellectuel par Alfred Binet en 1905, l'intelligence nous est vendue comme une donnée objective avec des critères précis. Mais sait-on que si le psychométricien a mis en place cet outil, c'était uniquement pour le substituer à la phrénologie[1], afin de diagnostiquer la débilité mentale et de trier les élèves qui devaient être scolarisés ou non ? Pour valider le QI, on a prétendu qu'il restait le meilleur indicateur de la réussite future de l'individu. Aussi, il semblerait que l'intelligence ne soit pas un ensemble de capacités objectives, mais bien un ensemble de critères pour réussir dans une société normalisée.

D'autres ont tenté de définir l'intelligence comme une capacité d'adaptation. Or il me semble peu pertinent, voire impossible, d'évaluer les capacités d'adaptation d'un individu au regard d'un seul et même environnement, d'une seule et même organisation sociale. Ne pas être conçu pour supporter tous les milieux ou tous les types d'interaction sociale, est-ce vraiment le signe d'un manque d'intelligence ? L'albatros de Baudelaire ou la fourmi qui dépérit sitôt qu'elle s'éloigne de sa colonie sont-ils alors des animaux stupides ?

Enfin, il semble aberrant de se féliciter d'avoir découvert la plasticité cérébrale, cette faculté de notre cerveau à se réorganiser selon les expériences

1. Discipline consistant à évaluer les facultés intellectuelles et morales de l'homme par l'inspection des bosses de la tête.

vécues, sans en tirer des enseignements. Si notre cerveau est capable de se remodeler en permanence, pourquoi enfermer un élève dans ses échecs et ses lacunes ponctuels ?

Valoriser toutes les intelligences

Nous nous félicitons d'avoir éradiqué le conformisme vestimentaire incarné par la blouse de Jules Ferry. Mais qu'avons-nous fait contre le conformisme cérébral ? Il est plus que jamais présent, et ce sont toujours *via* des critères arbitraires que l'on prédit la réussite d'un élève. N'oublions pas que la normalité n'existe pas et qu'aucun enfant n'est programmé pour échouer.

Comme il n'y a pas de beauté en soi, il n'y a pas d'intelligence en soi. Pourquoi un individu serait-il considéré « coupable » par sa différence ? Pourquoi l'élève serait-il coupable de son échec ? Faut-il être dépourvu de sens pour réduire l'être à un seul et unique modèle ? Il existe aujourd'hui une nouvelle idée qui va révolutionner l'école. C'est la neurodiversité. En créant ce concept, Judy Singer a permis d'initier un mouvement philosophique, militant et éducatif. Il est incontestable que l'humanité se décline en une multitude d'intelligences, diverses, fluctuantes, influencées par d'innombrables facteurs (génétiques, environnementaux...). Ces intelligences revendiquent les mêmes droits et la même dignité. À l'instar de la biodiversité, la neurodiversité nous incite à percevoir la complémentarité de ces intelligences et à revendiquer l'égalité cognitive (l'égalité de toutes les intelligences).

L'Éducation nationale a le devoir d'accepter l'égalité de toutes les intelligences. Il est impossible de combattre l'échec scolaire sans questionner cette dimension éthique de la scolarisation.

Déstabiliser les logiques d'échec

L'échec scolaire n'existe pas, je l'affirme. Seule existe l'incompatibilité entre un élève et un ensemble de règles relatives à son comportement, ses centres d'intérêt, ses compétences et ses humeurs. Lors de la dernière conférence nationale du handicap, le 11 février 2020, le président Emmanuel Macron mentionnait que « toutes les *différences* créent de l'échec scolaire ». Cette déclaration confirme les difficultés des élites à comprendre que ce ne sont pas les caractéristiques des enfants, mais bien la rigidité d'un système qui produit l'échec.

Les épisodes rapportés dans ce livre ainsi que mes propositions sont issus de mon expérience professionnelle auprès d'élèves issus de classes d'âge variées, dans plusieurs disciplines, mais aussi de mes rencontres et échanges avec des enseignants. Ils ont mis en évidence l'aspect contextuel des capacités de chacun, la nécessité de réhabiliter les apprentissages volontaires, de respecter les rythmes et les besoins particuliers, comme l'importance d'insuffler un vent d'humanisme et de passion dans l'enseignement. Il ne tient qu'à nous de déstabiliser les logiques d'échec, de lutter contre la ségrégation qui œuvre dans les salles de classe pour garantir à chacun l'émancipation, la réussite et l'épanouissement.

Cette révolution ne se fera pas grâce à la science. Cette révolution ne se fera pas grâce à de nouveaux préceptes éducatifs sclérosés. Cette révolution se fonde sur une pédagogie réactive, des apprentissages individualisés, autonomes et collectifs. Cette révolution est possible grâce à vous, parents, professeurs.

Le monde entier vient de traverser une pandémie qui a répandu l'angoisse et nous a mis face à nos contradictions : les discours de solidarité, et l'abandon des plus vulnérables. Les discours de bienveillance et la surveillance généralisée. Les grandes orientations pédagogiques et la continuité ratée. Oui, cette crise est un cataclysme, mais elle nous a confrontés à l'imprévisible. Nous avons été contraints de faire preuve de créativité, de solidarité, d'adaptation et, avant tout, de revoir nos certitudes. Nous n'avons pas d'autre choix que de refonder l'école.

1.

« Elle ne sait pas lire à 7 ans ! Elle n'est pas normale ! »

« ES-CA-LIER, scande le professeur exaspéré. Je ne vois pas ce qu'il y a de si compliqué ! » Pourquoi s'encombrer de scrupules et respecter la pudeur d'une enfant, quand on peut proclamer haut et fort qu'elle lit comme elle écrit, « et c'est dire ! ». Les élèves ricanent, secouent la tête.

Après plusieurs années de remplacements dans l'enseignement, je décide de passer le concours de professeur des écoles pour devenir enseignante « pour de vrai », j'ai ainsi l'occasion de visiter quelques classes pour « découvrir les coulisses du métier ». À cette époque, je n'ai encore jamais enseigné en école primaire, je suis habituée aux classes d'adolescents, ou d'adultes. J'ai encadré beaucoup d'enfants, mais uniquement en tant qu'intervenante.

Pas une once de solidarité ou d'empathie n'émane de la classe. La petite bute encore sur le mot. Le prof soupire. Je remarque la main de Manon qui commence à trembler, ses joues qui se mettent à rougir. Le maître derrière ses lunettes ne semble rien voir d'autre que de malheureuses lettres que Manon voudrait, sans doute, lui jeter à la figure. Sur le visage de ses camarades, on peut apercevoir la satisfaction béate de ne pas être concernés, d'échapper à l'œil du maître. Puis, il s'agace et demande à une autre élève, assise devant, de montrer son aisance et la fluidité de sa lecture. Le maître esquisse un petit sourire, fier de sa victoire. Il a prouvé que lorsqu'on est normal, on peut. Il s'est prouvé qu'il est un bon maître.

Manon le regarde quand il tourne le dos au tableau. Le professeur est le détenteur de l'autorité et du savoir scolaires. Lui seul est en mesure de l'évaluer, c'est-à-dire de quantifier sa valeur. Quantifier, l'obsession.

Pendant qu'il pose des opérations au tableau, Manon s'impatiente, tourne les pages de son livre, déchiffre un texte du bout des lèvres, tout en se grattant le bras nerveusement. La récréation sonne. Les élèves rangent leurs affaires. Elle griffonne quelque chose dans un cahier de brouillon. Le professeur ne s'y intéresse pas.

Pendant que les enfants courent dehors, l'enseignant déplore devant ses collègues le niveau de lecture de son élève, comme une difficulté inhérente à sa personnalité, et non pas un problème scolaire. Il assène que quelque chose n'est pas normal avec cette gamine, qu'il lui faut aller dans un centre médico-psychologique pour se faire dépister. De quoi ? Il ne sait pas, mais répète qu'elle n'est pas normale.

Dans son discours, on perçoit un agacement à l'égard de l'enfant, des parents, des professionnels de santé qui ne font pas leur métier en ignorant la maladie dont elle serait atteinte. Tout l'univers de l'enfant est mis en question : son contexte familial déséquilibré, les professionnels forcément incompétents qu'elle a pu rencontrer, ses fréquentations le plus souvent nuisibles, jusqu'à son alimentation néfaste. Mais à aucun moment, le système scolaire, la méthode de lecture imposés à Manon ne sont remis en cause. Puisqu'il s'agit de LA méthode de lecture en vigueur. Ce n'est pas une enfant de 7 ans qui ébranlera une méthodologie universelle, ou presque.

Le scénario, il ne le raconte pas, il le connaît par cœur. Et il est convaincu que rien ni personne ne pourra aider cette enfant. Il sait que ses années de primaire seront terribles, que plus le temps passera, plus les enseignants se désoleront de son médiocre niveau tout en estimant qu'ils ne peuvent rien y faire. Elle ira peut-être chez l'orthophoniste, si ses parents sont un peu attentifs. Et puis, elle subira l'entrée au collège avec, gravé sur le front, le sceau des *litteras nesciens*, cette expression qui désignait « les non-lecteurs » au Moyen Âge. On lui proposera au plus vite d'intégrer une classe « adaptée » aux inadaptés, une filière professionnelle, et le sort en sera comme elle : *jeté*. Cette certitude, fondée sur des principes précaires, dispense l'enseignant d'intervenir, mais l'autorise à se désoler passivement du destin : cette petite qui s'effrite au fond de la classe, c'est malheureux, mais cela ne relève plus de sa responsabilité.

Je n'ai pas eu à m'interroger longtemps sur l'origine de cette obsession pour la normalité. La réponse fut évidente : la normalité est indissociable de notre éducation. Elle est la boussole de l'enseignant, lui indiquant ce vers quoi il faut tendre. Malgré notre attachement aux valeurs républicaines, nous ne pouvons nier que les lois Ferry votées en 1881 et 1882, ont initié une organisation scientifique de l'école, plus présente aujourd'hui que jamais. Pour ceux qui douteraient encore que nos méthodes d'éducation aient une quelconque parenté avec le taylorisme, je conseille de revenir à la définition qu'en donne le Centre national des ressources textuelles et lexicales : « Méthode d'organisation scientifique du travail industriel visant à assurer une augmentation de la productivité fondée sur la maîtrise du processus de production, sur la séparation stricte entre travail manuel et travail intellectuel, sur une parcellisation des tâches et sur une standardisation des outils, des conditions et des méthodes de travail. »

Il n'y a guère de différence entre cette définition du taylorisme et l'école que nous connaissons. Depuis Ferry, les différents ministères n'ont eu de cesse de préciser, de standardiser les méthodes, d'étoffer les programmes dans la continuité de l'école industrielle. En témoigne la formation prodiguée aux jeunes enseignants que j'ai suivie. Combien de fois nous a-t-on livré des algorithmes sur les réactions des élèves ? À un élève type, on applique une méthode type, et on obtient le résultat type. Quelle que soit la matière, il s'agit avant tout de se concentrer sur le cadre de l'apprentissage et les différentes étapes traversées par l'élève type.

Ce dernier doit nécessairement répondre A ou B à une question, quelle qu'elle soit. En dehors de cela, il ne faut pas le suivre car il risquerait de vous entraîner dans les sphères du doute et de l'imprécision, voire de la confusion. J'ai notamment le souvenir d'avoir osé demander à un professeur ce qu'il se passerait, si, par malheur, l'élève ne répondait ni A ni B. Je me souviens de son ricanement satisfait, du regard complice qu'il adresse au reste de l'assemblée avant de lâcher : « Dans ce cas-là, soit il se fout de vous, soit il n'est pas normal ! »

Il n'avait sans doute pas pensé à mal en précisant que sa réponse B matérialisait une frontière entre les élèves et enseignants normaux et les terres inconnues des anormaux. Et pourtant, cette réponse fut pour moi révélatrice. Je ne pouvais m'empêcher de me demander ce qu'il entendait par « pas normal ». Et surtout, en quoi le fait d'être anormal pouvait-il signifier une inéducabilité de l'enfant ?

Les modes éducatives changent, mais la recherche absolue d'une seule et même méthode perdure. L'enseignement actuel, qu'on appellera prédictif, prédit et catégorise les réactions des élèves, et se caractérise par une approche centrée sur la normalité. Se définissant comme une science, il relègue au rang de maladie les fonctionnements cognitifs inclassables et les comportements imprévisibles ; il anticipe, organise et prévoit le déroulement des apprentissages, ainsi que les réactions de nos enfants. Même les erreurs sont soigneusement classifiées en amont. Saviez-vous, par exemple, qu'écrire « c'est amis » au lieu de « ses amis » est « une erreur à dominante logogrammique portant sur les logogrammes grammaticaux[1] » ? Ce

1. Selon la typologie des erreurs réalisées par la linguiste Nina Catach, il existe six catégories d'erreurs d'orthographe. Les erreurs logogrammiques sont des fautes sur les homonymes.

jargon se présente comme un outil indispensable de l'éducation d'*avant-garde*, qui considère l'inconnu comme un problème. Les irrégularités de l'esprit humain sont des grains de sable dans les rouages de la machine qu'il faut exclure du cadre scolaire « ordinaire », c'est-à-dire celui où vont les élèves « ordinaires ». Dans ce contexte, les inspecteurs et autres hiérarques élaborent et exigent la prophétie périodique que les apôtres de l'éducation vont tenter d'appliquer en classe.

C'est ainsi que les diversités humaines sont niées. Leur méconnaissance est source de discrimination, mais témoigne aussi du sens que nous donnons à notre enseignement. Quels individus voulons-nous que les élèves deviennent ? Voulons-nous éduquer des personnes efficientes, uniformisées, intolérantes ? Voulons-nous poursuivre cette logique de ségrégation scolaire selon laquelle les sourds, les sensibles, les bavards, les excessifs, les désordonnés, les autistes et tant d'autres n'ont pas de place à l'école et sont condamnés à l'échec ? En aiguisant ses normes, l'école sculpte les handicaps.

Chaque élève a le devoir de se conformer, de se borner aux normes de l'élève normal qui poursuit, lui, un cursus bien tracé. Il parlera à 3 ans, jouera avec ses camarades à 4 ans, saura lire à 6 ans, comprendra une leçon de science à 8 ans.

Il regardera son professeur dans les yeux, restera assis sans broncher six à huit heures par jour et saura refréner la soif d'activité de ses membres. Sitôt que l'enfant tentera de sortir de ce moule, il sera rangé dans la catégorie des anormaux. Qu'il soit exclu du système, plus ou moins tacitement d'ailleurs, qu'on lui propose une autre voie que l'école « ordinaire », ou qu'on le tolère en classe, mais avec une étiquette bien définie, l'anormal sera obligatoirement un paria. Il peut arriver, en effet, qu'il soit toléré « à condition de prendre ses médicaments ». Le père d'un enfant présentant un TDAH (trouble de l'attention avec ou sans hyperactivité) m'a rapporté qu'une directrice d'école exigeait que son fils de 9 ans soit « soigné » (sans doute avec de la Ritaline, le traitement le plus connu pour ces troubles) afin d'*intégrer* sa classe. Une exigence que j'ai pu entendre de la bouche de plusieurs enseignants. Pour que l'enfant soit éducable, il faut corriger sa nature, sa différence.

Trier les profils d'élèves, attester de leur éducabilité ou de leur inéducabilité constitue une forme de *ségrégation* cognitive qui tire son fondement du conformisme et de l'obéissance. Pour servir notre industrie, l'État forme des ouvriers capables d'obéir (ce qu'on appelle le « devenir élève »), de supporter les tâches absurdes et répétitives « pour se préparer au monde de demain ». Ce monde absurde et répétitif n'est réservé qu'aux classes ouvrières et moyennes. À l'école, la sclérose des apprentissages assure et reproduit les injustices sociales à travers les socles, les programmes et évaluations.

Ériger la normalité en dogme permet d'exclure et de condamner les élèves à l'échec, à une scolarité médiocre, en les envoyant en classe ULIS (unités localisées pour l'inclusion scolaire) ou autres dispositifs. Ces « anormaux » ne pourront, à moins de force de caractère et de belles rencontres, vivre selon leurs désirs et leur potentiel.

A contrario, parce que les processus censés adapter les apprentissages, appelés « compensation » ou encore « différenciation », ne remplissent pas leur mission et culpabilisent l'enfant, il cherchera toute sa vie à prouver qu'il est « normal » et perdra de vue son propre épanouissement. Les élèves avec lesquels j'ai eu l'occasion de parler de leur statut « différent » étaient blessés par la violence de cette discrimination, à l'instar de cette jeune fille placée en classe spécialisée : « Avant j'étais juste une élève, et maintenant je suis une élève différente. Je n'ai pas envie d'être différente. »

Ce culte de la normalité instaure une pédagogie verticale : l'institution dicte ce que l'élève doit faire et réussir pour avoir de bons résultats, et avoir le droit, à l'âge adulte, de « choisir » « sa fonction ». Si un élève ne réussit pas un banal exercice de mathématique, c'est toujours lui, et pas l'exercice, qui sera remis en question, et ce, au détriment de sa confiance en lui.

J'ai pu observer ce fléau dans bien des classes, quand l'enseignant, à court de solutions pour entrer en communication avec son élève, ou aider ce dernier dans un apprentissage, paniquait, puis se résignait. L'obsession pour la norme empêche les enseignants de soutenir tous leurs élèves.

Cette obsession est telle que des parents d'enfants dits à *haut potentiel* se voient reprocher de trop les stimuler à la maison ; le corps enseignant allant parfois jusqu'à déplorer des lectures excessives, des jeux éducatifs, et surtout, l'erreur des familles de répondre aux interrogations incongrues de l'enfant par des recherches, des achats d'ouvrages ou autre. Être trop compétent, trop rapide, trop lucide représenterait paradoxalement un frein à l'épanouissement de l'élève et surtout à l'équilibre de la classe. Pourtant, il est désormais de notoriété publique, et scientifiquement attesté, qu'ignorer les interrogations de l'enfant n'aura d'autre effet que d'éteindre sa curiosité, son désir d'apprentissage.

Pour s'assurer de cette normalité, l'œil du professeur balaye la classe, scrute, évalue. Les enfants ressentent, comprennent qu'à tout moment leur conduite et leurs réponses peuvent leur coûter l'exclusion. C'est ainsi que se développent les tendances toxiques dont l'enseignement français a le secret :

– *l'humiliation scolaire*, consistant à diminuer l'individu et à imputer son échec à ses carences personnelles (mauvaise interprétation des consignes, difficultés de concentration, faible volonté...) ;

– *le harcèlement scolaire*, résultat d'une intolérance viscérale ancrée dans la culture scolaire et qui est présent aussi bien chez les élèves que chez les enseignants ;

– *la phobie scolaire*, ce refus instinctif d'aller à l'école, dont nous reparlerons.

L'enthousiasme et l'avenir de notre petite lectrice sont déjà rongés par ces trois harpies de l'enseignement prédictif qui n'a de cesse de prédire l'échec. De façon évidente, Manon commence à souffrir de troubles anxieux. Dans la cour de récréation, elle traîne les pieds, elle peine à jouer les insouciantes et à sautiller sur la marelle avec ses camarades. Soudain, je la vois s'éloigner, seule, caresser le grillage avec son index en marchant lentement, marmonner quelque chose. Je m'approche, j'essaie d'entendre, puis de comprendre ce qu'elle dessine entre ses lèvres. Son professeur me voit et hausse les yeux au ciel pour bien me signifier que cette enfant est définitivement partie loin de notre monde et qu'il n'y a plus de temps à perdre avec ses fantaisies.

En effet, les attentes de fin d'année orchestrent les préparations et les choix éducatifs des enseignants. S'il espère achever dans les temps le programme et respecter le calendrier strict de l'institution, le professeur ne peut pas s'attarder sur ceux qui ne suivent pas. Les compétences qu'un enfant doit acquérir au cours du primaire sont réparties sur quarante périodes d'apprentissage correspondant à des paliers que l'enseignant prend en compte en élaborant un document appelé « progression ». S'ajoutent au programme des « repères annuels de progression », formulés ainsi : « En période 3, les élèves résolvent aussi quelques problèmes multiplicatifs portant sur de petits nombres et dont la résolution s'appuie sur une itération d'additions, sans aucune difficulté calculatoire mais invitant à construire en situation le sens de la multiplication[1]. » En CP, par exemple, les élèves doivent maîtriser une quinzaine de correspondances graphèmes/phonèmes en fin de période 1. La réglure des cahiers devra être de 3 millimètres en début de CP pour passer à 2 millimètres en période 3. Si les

1. « Repères annuels de progression », mathématiques, cycle 2, ministère de l'Éducation nationale.

étapes d'apprentissage sont exigeantes dans leurs contenus, elles le sont aussi dans leur temporalité. Et la normalité scolaire devient un dogme. Aucune place n'est prévue pour le tâtonnement ni pour la véritable rencontre entre l'enseignant et l'élève.

Comment imaginer qu'avec une programmation si particulière, un processus si intransigeant, qui ne prend en compte ni les contraintes sociales ni les diversités des profils, certains ne soient pas littéralement broyés ?

La « difficulté » ou l'échec ne sont pas inhérents à l'enfant qui peine à lire. La « difficulté » n'est pas inscrite dans ses gènes ou ses neurones. La « difficulté » est le fruit de la rencontre entre un individu particulier et une méthode standardisée. C'est donc bien la méthode qu'il faut corriger, et non l'individu !

Quelques mois après avoir assisté à la condamnation publique de Manon, je rencontre Marius, 8 ans, scolarisé à la maison. Émilie, sa mère, a pris en charge son instruction, ainsi que celle de son frère de 6 ans. S'ils ne sont pas aussi disciplinés et dociles que les autres enfants, ces deux-là semblent étonnamment débrouillards et sereins.

Marius non plus ne savait pas lire correctement à 7 ans. D'ailleurs, il ne savait pas lire du tout. Sa mère m'explique attendre que ses enfants soient prêts pour les accompagner vers la lecture. Par conséquent, leur enseignement se fonde sur des expériences, sur des rencontres avec des maraîchers, des comédiens ou des archéologues. Ces rencontres et cet enseignement libre ne manquent pas d'interpeller l'entourage et le voisinage d'Émilie. Certains la trouvent étrange, ou la rangeraient bien dans la case des « cas sociaux ». D'autres pensent qu'elle est négligente et inconsciente, pour se soucier si peu de la scolarité de ses enfants.

Et pourtant, la jeune femme ne manque pas de références en pédagogie. Elle a étudié et expérimenté les propositions de Steiner-Waldorf, de Montessori, ou encore de Freinet. Elle a même su garder un œil critique sur ces idoles de l'éducation. Loin d'être inconséquente, elle a choisi l'instruction à la maison parce qu'elle avait conscience du mal que la configuration de l'école fait à nos enfants et voulait les en préserver.

J'éprouve déjà beaucoup d'admiration pour cette mère qui passe ses journées avec deux enfants si énergiques. Mais j'en ai encore plus pour la confiance et la sérénité dont elle fait preuve quant à leur instruction. Elle a choisi de ne pas considérer l'éducation comme une science, mais comme une intuition. Elle a choisi de ne pas souscrire à l'enseignement devenu anxiogène et de respecter le développement naturel de ses enfants. Mais l'institution vient, parfois, frapper à sa porte. Et la silhouette d'un inspecteur lui rappelle les grilles, les compétences devant être acquises à 6, 7, 8, 9 ans, sur quelles périodes, etc. Émilie dispose d'une force incroyable. Elle croit en ses enfants. Elle est convaincue qu'ils se révéleront en devenant le moteur de leurs apprentissages.

D'ailleurs, la semaine dernière, Marius a manifesté l'envie d'apprendre à lire tant il ambitionnait de tenir un journal de bord. Il a déjà bien avancé, dans un ordre qui ne suit pas les programmes pédagogiques, les périodes, ou les cycles. Ses progrès semblent bien plus rapides que le laborieux apprentissage que l'on observe en classe. Ce choix pédagogique aurait-il vraiment moins de valeur qu'une formation contrainte et pénible, une année plus tôt ? Je l'affirme, non.

Il ne s'agit pas de promouvoir l'enseignement en famille plutôt que l'enseignement collectif. La rencontre avec cette femme, qui n'avait finalement d'autres angoisses que la sanction de l'inspecteur, m'a permis de confirmer l'existence des apprentissages volontaires, les possibilités inouïes d'une autre pédagogie.

2.

Tous différents, tous doués

Les exigences de normalité sont de plus en plus aiguës. Elles nous acculent. Nos enfants n'ont d'autres choix que d'être « normaux », lisses, sans aspérité, sans « défaut mental », ou alors d'être tolérés, classés dans la catégorie des « inadaptés », et obtenir, parfois, un dispositif d'aide. Deux options s'offrent à nous : être normal ou être diagnostiqué.

Aucune autre alternative. Certes, l'insertion scolaire et professionnelle reste un parcours du combattant mais pour les autres, les « sans étiquette », c'est encore pire. Pas de place pour les « bizarres », ceux qui écrivent ou parlent mal, les timides, les mutiques, ou encore ceux qui à l'inverse prennent trop de place. L'école ne craint pas les anormaux parce qu'ils sont différents, elle les craint parce qu'ils sont imprévisibles. C'est pour cette raison que même des élèves dits à haut potentiel sont jugés dangereux pour son bon fonctionnement.

La neurodiversité peut nous sortir de cette impasse. Derrière ce mot méconnu ou jugé abstrait, il est question de la diversité cognitive, c'est-à-dire de toutes les intelligences, nos différentes manières d'être au monde et de penser. Il faut le dire, cette diversité est totalement rejetée par la culture scolaire. Tous nos enfants, parce que leur fonctionnement est nié, vont être victimes, à un moment donné, de l'échec. Il est urgent de prendre en compte les différentes formes d'intelligence dans nos propositions éducatives, et de comprendre qu'elles ne concernent pas seulement les personnes dites « atypiques ».

Il est d'ailleurs impossible de donner un pourcentage précis du nombre d'« atypiques ». Entre les enfants non diagnostiqués, autodiagnostiqués, les contextes qui définissent la différence ou la normalité, une classification semble inconcevable et la frontière poreuse. En admettant néanmoins qu'il y ait 20 à 25 % d'atypiques ayant des besoins aux antipodes de ceux proposés par l'école industrialisée, il apparaît que la méconnaissance de cette réalité est un énorme scandale éducatif, au même titre que la ghettoïsation de l'éducation. Malheureusement, ce ne sont pas les seules victimes du système éducatif.

L'élève normal n'existe pas

Nous n'avons plus le choix, les élèves et les parents doivent se détourner de l'idéal de normalité pour sauver l'épanouissement de chacun. Il suffit de passer quelques heures dans n'importe quelle salle de classe, n'importe où dans le monde pour voir que chaque enfant est, à sa manière, « atypique », et que chacun étouffe son identité au profit d'une uniformisation.

Accepter la neurodiversité, c'est apprendre que son développement propre est aussi important et respectable que celui des autres. C'est apprendre à accepter les autres modes de pensée et les autres comportements.

Il est de notre devoir d'aider les jeunes générations à lutter contre leurs complexes, non seulement physiques, mais aussi cérébraux, et de mettre en évidence la diversité des êtres qui définit notre humanité. Il n'y a rien de plus fondateur que deux enfants qui comparent leurs sensations physiques ou leur compréhension d'une histoire, au-delà du vrai et du faux. La joie et l'intérêt des enfants qui découvrent que les couleurs ne sont pas les mêmes pour tous sont significatifs. Ils sont souvent fascinés par cet « invisible pour nous » que certains oiseaux perçoivent. Par exemple, l'ictérie polyglotte, ce passereau que nous voyons jaune et vert foncé, apparaît à ses congénères vêtue de couleurs insoupçonnées.

Cette différence de perception visuelle est un excellent exemple pour appréhender l'interprétation du monde, et ainsi permettre aux élèves d'entrer dans la diversité de leurs intelligences. Il sera plus aisé pour un enfant d'exprimer sa difficulté en présence de certaines couleurs, ou de certains sons, sans éprouver un sentiment de malaise ou de honte. L'exploration des relations au monde se prolonge par des projets collaboratifs, impliquant des acteurs de tous horizons, qu'ils soient élèves, intervenants professionnels, enseignants, spécialistes. C'est à partir de ces initiatives que la diversité cognitive révèle son utilité.

La gestion des émotions, un domaine en vogue de nos jours, incite l'élève à apprendre, à connaître et à tempérer sa sensibilité pour pouvoir intégrer le groupe. Il est possible d'envisager les problèmes différemment et de considérer les excès et les craintes individuels comme l'affaire de tous. Les réactions explosives, ou étranges, comme les crises, les attitudes de repli, de fuite, effraient les enseignants et les élèves. J'ai à l'occasion de plusieurs entretiens avec des accompagnantes d'élèves et de professeurs constaté que ces comportements sont perçus comme dangereux (qu'ils soient violents ou non) et préjudiciables à l'apprentissage. Cependant, j'ai pu observer, dans le cadre d'un atelier de théâtre, l'implication surprenante d'une dizaine d'adolescents dans la gestion d'une « crise » de l'un des leurs. Un jour où nous devions procéder à une lecture, l'absence d'un élève nous contraignit à modifier le déroulement de la séance. Ceci, à ma grande surprise, sembla affecter l'un des participants qui fut pris de difficultés à respirer et commença à pleurer. Immédiatement, les autres élèves le prirent en charge : « Il ne supporte pas les imprévus », « Il faut l'emmener prendre l'air », « On va voir comment réorganiser la séance »… Ces adolescents avaient mis en place, dans la bienveillance, une gestion collective des émotions qui nécessite une connaissance de soi, mais aussi de l'autre, de sa *différence* et de notre responsabilité face à celle-ci.

Valoriser les manières d'être au monde constitue le premier socle des apprentissages et de la réussite individuelle et collective. Ainsi, la culture de l'échec et de la normalité doit être remplacée par une culture de la neurodiversité et de l'accomplissement.

La culture de l'échec

En cinquante ans, la place des neurosciences dans notre société, et particulièrement en éducation, a considérablement évolué. Les enseignants sont incités à s'appuyer sur ces données tirées de l'imagerie cérébrale, bien qu'elles leur soient communiquées de manière superficielle. Il est évident que certains apports de cette discipline vont, à l'instar de la plasticité cérébrale, cette faculté du cerveau à se réorganiser, alimenter la réflexion et les ambitions pédagogiques. De telles découvertes pourraient permettre de concevoir une nouvelle approche de la connaissance, pour aboutir à une éducation moins rigide.

L'utilisation qui en est faite et leur surmédiatisation sont préjudiciables à nos enfants, quand elles ne sont pas accompagnées du recul nécessaire. Les formateurs et une partie du corps enseignant se jettent un peu vite dans la brèche. Et l'on peut voir perdurer les « neuromythes », ces fausses croyances sur notre cerveau, au sein des classes. Un des plus classiques consiste à dire d'un élève qu'il « fonctionne avec son cerveau droit. » Or, même la théorie du localisationnisme, qui consiste à attribuer une fonction à une aire du cerveau[1], est sérieusement mise à mal par la recherche actuelle. Le professeur Hugues Duffau, dans son livre *L'Erreur de Broca,* dénonce la division

1. L'interdépendance des deux hémisphères du cerveau a été mise en évidence en 2013 par une étude de l'université d'Utah.

du cerveau en cinquante-deux aires, obsolète selon lui. Il assène, par exemple, que les lobes frontaux, situés en arrière du front ne correspondent pas nécessairement aux capacités de concentration, de raisonnement et de décision. Il propose un modèle « connexionniste », selon lequel l'organisation du cerveau est constituée de réseaux capables de se compenser partiellement. Cette approche, qui met en valeur le caractère unique du cerveau de chacun, le rend bien plus difficile à dominer, à classifier, que l'ancien modèle. Mais cela ne va pas dans le sens d'un enseignement qui veut globaliser et anticiper les fonctionnements cérébraux des individus.

Un autre neuromythe dénoncé par la communauté scientifique affirme que « nous n'utilisons que 10 % de notre cerveau ». Relayé par les films et les romans de science-fiction, ce propos, dont l'origine interroge les chercheurs, trouve encore des prophètes à l'école. On voit également fleurir sur le web toutes sortes d'entraînements, de *brain gym* et de pédagogies plus ou moins inspirées des neurosciences. Malheureusement, ils se fondent souvent sur des données caricaturées, voire dépassées. Cette obsession des néophytes pour les neurosciences et la neuroéducation a pris le pas sur la dimension éthique de l'éducation. Cela est déplorable.

À entendre certains experts scientifiques parler d'« algorithme d'apprentissage », on se croirait dans une usine d'électroménager où, sans cesse, on recherche l'efficacité au moindre coût. Comme l'expert en « neuro-criminologie » Adrian Raine – qui s'évertue à scanner les cerveaux des psychopathes pour prouver que leur structure différente permettrait d'anticiper les facteurs de criminalité[1] –, l'Éducation nationale ne cherche-t-elle pas à homogénéiser et à sélectionner les intelligences ?

Au sein même de certaines pédagogies alternatives, cet engouement pour les sciences est manifeste. Maria Montessori, qui était médecin, revendiquait le caractère rationnel de sa méthode, et imposait un cérémonial précis dans la manipulation de chaque objet, le matériel étant lui aussi conçu et utilisé de manière méthodique et scientifique.

Contrairement à l'image que nous en avons aujourd'hui, celle que l'on appelait la *dottoressa* et qui mesurait la tête de ses élèves pour évaluer leurs chances de réussite a participé à la promotion du déterminisme biologique[2] en pédagogie. La relation entre scientisme et pédagogie autoritariste n'a jamais été aussi palpable. En 1923, sous l'impulsion de Mussolini, la méthode Montessori devient une expérimentation didactique nationale au sein de la réforme Gentile[3]. Et la reconnaissance, la dévotion de Montessori sont sans limites : « Dans mon cœur brille la grande foi que le Duce inspire à tous les Italiens[4]. »

1. Selon lui, l'amygdale, zone attribuée à la mémorisation, serait largement inférieure à la moyenne chez les criminels.

2. Modèle selon lequel les caractéristiques et le comportement d'un individu sont déterminés exclusivement par des facteurs biologiques.

3. Réforme du système éducatif italien qui a eu lieu en 1923 menée par Giovanni Gentile, ministre de l'Éducation de Mussolini.

4. Lettre de Maria Montessori à Mussolini, 20 janvier 1926, Archivio centrale dello Stato, Roma.

Dans une lettre de 1931, Maria Montessori défendait la résonance de sa pédagogie avec les principes fascistes : « Ma méthode est digne de collaborer avec le fascisme[1]. » Elle vantait sa méthode à même de produire « une armée capable de rendre la patrie victorieuse », des « caractères forts et des esprits éveillés », donnant « l'impressionnant spectacle d'une discipline parfaite ». Quelques lignes plus loin, elle insistait sur le caractère « hygiénique » de son enseignement ainsi que sur la supériorité de la « race italienne[2] ». L'obsession pour la formation d'individus « sains » fait écho au projet d'uniformisation de la jeunesse que semble se donner Montessori.

Cette pédagogie adorée et surexploitée au XXIe siècle, dont on retient avant tout les principes de bienveillance, de liberté et d'autonomie, fut bercée de déterminisme et d'eugénisme, sculptée par des fins idéologiques. Les savoirs sont ordonnés, hiérarchisés, ritualisés, le matériel imposé, et, s'il y a un respect des rythmes individuels, les objectifs restent les mêmes pour tous les enfants. La diversité des modes d'apprentissage, de communication et des motivations n'est pas prise en compte. Espérons que les écoles alternatives qui mixent les préceptes Montessori avec d'autres méthodes intègrent ces exigences…

Le cas Montessori montre le danger des pédagogies trop imprégnées de raisonnements scientifiques, qui sont par nature discriminantes, loin de l'éthique

---

1. Lettre de Maria Montessori à Emilio Bodrero, 16 mai 1931, Archivio centrale dello Stato, Roma.

2. *Ibid.*

et du souci social qui devraient nous guider. Nous ne sommes pas des algorithmes. Les neurosciences doivent garder leur statut d'outil, et non être instrumentalisées pour imposer de nouvelles normes.

La mixité cognitive : un préalable à la réussite

La mixité cognitive signifie la présence en classe de tous les élèves, en se souciant de leur épanouissement, de leur développement, tout en considérant leurs particularités. Les droits proclamés par la Constitution, dont celui à l'instruction, doivent être respectés « sans distinction de race, de religion, de croyance, de condition physique ou cognitive ». Il ne saurait y avoir de « vivre-ensemble » au sein de classes qui se trouvent privées d'une partie de la population. Pour éduquer à la neurodiversité, la première étape est l'accueil, sans distinction aucune, de tous les élèves.

J'ai pu remarquer la différence flagrante entre les enseignants concernés par la neurodiversité et les autres. Les premiers étaient soit des parents d'enfants atypiques ou en échec, soit les témoins des carences de l'école pour accueillir ces élèves. Leur relation aux enfants était différente, à la fois plus attentive aux difficultés, mais aussi plus apaisée. La panique que rencontrent certains enseignants cédait la place à la confiance et à la souplesse intellectuelle.

J'ai même observé de nombreux enfants devenir soudainement « compatibles » avec le milieu scolaire. Des élèves dyslexiques cessaient d'être des *fainéants*, s'investissaient dans une recherche, adaptaient leurs stratégies d'apprentissage. Des élèves autistes faisaient moins de crises puisque l'enseignant comprenait l'hypersensibilité aux stimuli sensoriels dont pouvaient faire preuve certains. D'autres élèves en échec, qui avaient simplement besoin d'être écoutés, stimulés, s'intéressaient, enfin, à leur cours.

L'apprentissage premier de l'école, l'expérience précieuse qu'elle apporte, est celle de la socialisation. Or, pour l'enseignement actuel, cela se résume à imiter les codes du plus grand nombre (le langage, la gestuelle, les habitudes…). Mais la socialisation est avant tout un contrat entre l'individu et le collectif. C'est la connaissance simultanée de soi et des autres. C'est, surtout, la complémentarité entre mes particularités et celles d'autrui. Mais comment apprendre cela au sein d'une école qui condamne un quart de la population à l'échec ?

Parents et enseignants se félicitent de l'ouverture de classes, pire, d'écoles « spécialisées » pour autistes, TDAH, hauts potentiels, etc., ravis de l'altruisme des élites qui mettent ces dispositifs en œuvre. En réalité, ces classes qui se targuent d'encadrer l'inencadrable, d'éduquer l'inéducable, ne sont que des outils de la ségrégation cognitive qui règne dans notre pays. Ils ne font qu'exclure les élèves au lieu de leur permettre de prendre leur place.

La prolifération d'écoles hors contrats, plus tolérantes et plus adaptées à ceux qui ne rentrent pas dans le moule, n'est pas un symptôme de liberté, et encore moins d'égalité. Cette multiplication incarne *a contrario* notre échec, l'exclusion et la stigmatisation encore à l'œuvre aujourd'hui. En outre, elle accroît, pour des raisons évidentes, les inégalités sociales. Intégrer une école alternative coûte une somme considérable pour certaines familles. On comprendra que les enfants des classes populaires ou moyennes n'auront jamais accès à l'éducation souvent plus humaniste que proposent certains de ces établissements et doivent se satisfaire des savoirs congelés et inefficaces que préfère l'institution.

Non, la mixité cognitive, qui fait cohabiter toutes les intelligences, n'est pas une utopie. Il n'y a qu'à faire un tour chez nos voisins transalpins pour constater notre marge de progression. C'est avec un immense enthousiasme qu'Olivier Paolini, enseignant spécialisé, m'a rapporté, au retour d'un programme d'observation des pratiques éducatives en Europe, ses constats et ses convictions en matière d'école inclusive.

Révolté par le sort réservé aux enfants « différents », notamment ceux issus d'institut médico-éducatif (IME) qui ne sont même pas inscrits sur les listes de l'Éducation nationale, il a trouvé à l'étranger de nombreuses pistes de réflexion, et surtout la preuve que l'inclusion, l'ouverture de l'école à tous sans discrimination, est non seulement possible, mais indispensable pour la réussite de tous les élèves.

En Italie, les enfants sont accueillis en classe, encadrés par deux enseignants, dont un dit *de soutien.* L'intervention d'un éducateur est mise en place si cela s'avère nécessaire. D'autres professionnels, tels que des assistants d'éducation ou des assistants de communication sont susceptibles d'intervenir aussi. Cette mobilisation du personnel, mais également un nombre d'élèves largement inférieur à celui de nos classes, permettent d'accueillir et d'accompagner la quasi-totalité des enfants italiens, indépendamment de leur condition physique ou de leur profil.

Certes, ces politiques éducatives restent perfectibles et sont tributaires des décisions budgétaires, mais elles constituent la preuve que la mixité cognitive est envisageable. Cette politique éducative est aussi le reflet de la place accordée au handicap en Italie. D'autres pays nous montrent l'exemple, comme la Suède, la Norvège ou encore la Finlande, pionnière de l'école pour tous. Nombre d'enseignants européens sont d'ailleurs horrifiés du traitement réservé aux élèves anormaux au sein de l'Hexagone.

L'humanité ne se restreint pas à une norme scolaire ! Il est primordial que, dès le plus jeune âge, nos enfants en aient conscience. Les interactions entre tous leur permettent de ne plus percevoir leur différence comme une pathologie.

Cette diversité des profils se heurte à tous les domaines d'apprentissage. Nombreux sont ceux qui éprouvent des difficultés avec la mémorisation. L'enfant reste devant le livre ouvert mais rêve : aux arbres, à son goûter, à la petite tache sur la table, à la fin de l'univers... Le parent, qui est souvent le garant de cet apprentissage réalisé à la maison, tourne autour de lui, crie, estime que ce n'est pas si compliqué... L'enfant fait semblant de lire, s'agite, veut faire autre chose... Il sait déjà, mais pas avec les mêmes mots... Il n'est pas le premier à refuser les apprentissages par cœur et à en redouter l'absurdité. D'immenses personnalités ont partagé ce dégoût.

« Savoir par cœur n'est pas savoir ; c'est tenir ce qu'on a donné en garde à sa mémoire. Ce qu'on sait droitement, on en dispose, sans regarder au patron, sans retourner les yeux vers son livre. Fâcheuse suffisance, qu'une suffisance pure livresque ! » écrivait Montaigne dans ses *Essais*[1]. À son époque déjà, il déplorait la superficialité de l'enseignement « à la française » où l'on apprenait « un peu de chaque chose et rien à fond[2] ». Il est fort dommage que Montaigne ne soit pas plus lu et pris en compte dans la formation des enseignants, tant son insistance sur le sens et la valeur des savoirs, la diversité des jugements, l'apprentissage dans la confiance auraient à nous apporter aujourd'hui.

Les écueils, comme les difficultés de lecture, ne doivent plus conduire à une exclusion, mais à une recherche de solutions sur le terrain. Pour lutter contre l'échec scolaire, il est de notre devoir d'exiger la mixité cognitive, rendue possible par des classes allégées, du matériel adapté, des espaces flexibles (lieux qu'on peut réaménager, ouvrir) et la prise en compte de la diversité des développements individuels.

La folie des surdiagnostics

Diagnostics abusifs, autodiagnostics éhontés, tendances hypocondriaques… Penseurs, spécialistes et enseignants déplorent que n'importe quel quidam

1. Montaigne, *Essais*, livre I, chapitre XXVI sur l'éducation des enfants.

2. *Ibid.*

puisse aujourd'hui prétendre au statut de haut potentiel, d'autiste ou de TDAH. Il ne se passe pas une journée sans que l'on me rapporte un diagnostic de complaisance de la part d'un professionnel, un « autodiagnostic » de la part d'un parent, ou encore un refus de considérer un diagnostic de la part d'un enseignant.

Aux États-Unis, la mode serait aux troubles de l'attention avec ou sans hyperactivité. En France, la tendance serait aux hauts potentiels et aux troubles « dys » (dyslexie, dyscalculie, dysorthographie...) en tout genre. Quant à l'autisme, ses critères de diagnostic empiéteraient de plus en plus sur l'empire de la « normalité ». La frontière entre autistes et non-autistes devenant ainsi de moins en moins intelligible.

La confusion entre *hypersensibilité, haut potentiel, surefficience, intelligence émotionnelle* permet désormais à chacun de s'identifier à une minorité et de revendiquer son caractère « exceptionnel ». C'est une réalité : il y a des diagnostics abusifs, de complaisance, et un marché de l'atypicité se répand sur le web. Il devient difficile de distinguer les spécialistes avertis des charlatans.

Tout en s'interrogeant sur notre tendance croissante à catégoriser les humains, la psychologue spécialiste du haut potentiel Charlotte Parzyjagla craint que ce phénomène n'amplifie les tensions entre enseignants, spécialistes et parents : « À ce jour, lorsque j'ai un enseignant ou un directeur d'établissement en ligne au sujet d'un enfant que je suis, dans 90 % des cas, ils ont un ton incrédule ou agacé. La semaine dernière, une enseignante m'a dit "Écoutez, Madame, j'ai neuf enfants précoces dans ma classe, je ne peux pas m'adapter à chacun d'eux". (Neuf, vous avez dit neuf ?) En clair, les enseignants en ont marre (et on peut les comprendre) de tous ces parents qui viennent dire : "Comprenez… si mon enfant n'écoute pas et ne respecte pas votre autorité, c'est parce qu'il est précoce"[1]. »

Mais ce qui est intéressant dans ce phénomène n'est pas l'attitude des parents ou des jeunes, qui, dupés par une quête d'identité, un besoin de reconnaissance ou des biais cognitifs[2], s'assimileraient à tort à un profil atypique. La vraie question devrait être : *pourquoi* les individus – et surtout les enfants et leurs parents, puisqu'il est question d'éducation dans ce livre – ressentent-ils la nécessité de revendiquer leurs particularités ? Et pourquoi certains enseignants incitent-ils de plus en plus au diagnostic ? La réponse est à mon sens évidente : cette tendance n'est qu'un symptôme de l'échec de notre société, de notre école, à prendre en compte et à valoriser les diversités. L'anormalité n'est pas un désir individuel, elle est engendrée par le cadre scolaire. De fait, si l'école accueillait les particularités physiques et cognitives de tous les enfants sans les hiérarchiser, nous n'en serions pas là.

---

1. Charlotte Parzyjagla, « Tous HP ? Folie d'un engouement et d'une désinformation », L'école de la neurodiversité, 7 juillet 2019 : https://ecoledelaneurodiversite.org/2019/07/07/tous-hp-folie-dun-engouement-et-dune-desinformation-le-billet-dhumeur-de-charlotte-parzyjagla/

2. Un biais cognitif est un mécanisme de pensée à l'origine d'une erreur de jugement.

J'ai eu récemment l'occasion de m'entretenir avec les membres de l'école démocratique[1] Nikola-Tesla de Lyon. Leur constat est instructif. S'ils estiment qu'une grande majorité de leurs élèves ont été jugés « hors normes » par l'école classique, les particularités individuelles se font beaucoup moins sentir, notamment pour ceux qui présentent des troubles de l'attention. Cet écart est dû à la différence considérable entre les attentes pédagogiques du système et celles de cette école alternative.

Si l'école ne s'insurgeait pas de voir un enfant de 3 ans au regard fugace, un garçon de 8 ans calculer sans mémoriser ses tables, si elle admettait qu'une fillette de 6 ans ne supporte pas de rester assise durant plusieurs heures, la nécessité d'affubler les élèves de toutes ces étiquettes qui, souvent, ne sont des maladies qu'à l'aune du cadre scolaire, s'effondrerait. Cessons de voir nos enfants comme des symptômes ambulants. Oui, des difficultés existent, à l'école ou à la maison, mais elles ne sont pas systématiquement révélatrices d'une pathologie. Les comportements que nous jugeons parfois étranges ou inappropriés sont aussi l'expression d'un tempérament, d'une personnalité que nous devons accueillir et non stigmatiser.

---

1. Les écoles démocratiques sont des écoles alternatives ayant pour principe de privilégier la liberté des apprentissages.

3.

« Il fait encore la sieste ! »

Voilà un mois que j'ai été larguée, sans formation préalable, sans aucun accompagnement, dans une classe de vingt-neuf enfants de 3 à 4 ans. Après avoir enseigné la philosophie et la culture générale auprès d'un public principalement adulte et adolescent, j'ai donc passé, malgré les avertissements de nombreux amis enseignants, le concours de professeur des écoles. Ces derniers craignaient que je ne parvienne pas à « entrer dans le moule », et que l'expérience soit fort décevante par rapport à mes années de remplacement, pendant lesquelles j'ai bénéficié d'une certaine indépendance.

Avant même d'arriver dans cette école, je suis plongée dans un climat de défiance : une amie m'avait mise en garde contre les « sabotages » d'un collègue, la directrice m'avait expliqué par téléphone que l'ATSEM (agent territorial spécialisé des écoles maternelles) devait « rester à sa place ». C'est avec une certaine fébrilité que je commence cette expérience en maternelle, ou plutôt en « cycle 1 », pour parler le langage institutionnel. Mon collègue s'étonne de me voir travailler « dans l'urgence ». Cette remarque m'amuse, étant donné que je n'ai eu connaissance de mon poste que la semaine précédente. Mon année de stage ne se fera pas en « binôme » avec une personne expérimentée, mais seule, en remplacement d'un congé maternité.

Je tâtonne deux jours et demi par semaine, depuis un mois, et j'apprends à connaître ces vingt-neuf enfants tous plus surprenants les uns que les autres. On me fait rapidement remarquer qu'il ne faut pas mettre « trop d'affect » dans ma relation avec eux, que cela ne serait pas du goût de ma hiérarchie : moins on s'attache, mieux c'est. « Nous ne sommes pas des nounous, nous avons un statut d'enseignant », aiment-ils à revendiquer. Je découvre en ce début de carrière l'incroyable rôle des ATSEM, les piliers des écoles. Jusqu'à présent, je les percevais comme ceux qui emmènent les enfants aux toilettes ou nettoient les tables. Ils font tellement plus que ça. Ils sont indispensables. Ils gèrent des groupes, aident à évaluer, à organiser la classe, et surtout – c'est bien là l'essentiel – donnent la tendresse dont les enfants ont encore besoin et que le maître n'a pas le droit de leur témoigner. Avec Florence, l'entente est immédiate, ce qui ne sera pas du goût de la directrice qui estime qu'elle « sort de son rôle » bien trop souvent. Ne surtout pas laisser ces subalternes nous détrôner.

Parmi les collègues, on trouve de tout : des bouches pincées qui gardent leurs photocopies cachées contre leur abdomen, des sourires qui délivrent leurs secrets et n'hésitent pas à prendre sur leur temps pour prodiguer leurs conseils aux jeunes recrues. Il y a aussi ceux qui font peur aux élèves, qui humilient les ATSEM, qui se préoccupent davantage du rangement de leurs classes que du bien-être de leurs élèves.

J'essaie pendant ces premières semaines d'imiter l'organisation militaire et le planning extrêmement précis que l'on me fournit, en espérant pouvoir l'adapter à mes lectures et à mes convictions. « L'est où nounou ? » me lance une petite blonde d'à peine 3 ans, tandis qu'un autre écrit son prénom sans difficulté, et qu'un troisième se roule par terre, se balance et refuse de sortir du mutisme. Être entourée de vingt-neuf enfants ayant tous une attitude, des besoins et des rythmes différents est une expérience vertigineuse. Mais tellement enrichissante !

Mes lectures nocturnes m'apprennent le « comportement type » d'un élève de maternelle, mais ne mentionnent guère comment gérer la diversité des profils, des rythmes et des compétences si disparates.

Quant à notre formation, on y survole le mot « différenciation » en proposant d'adapter légèrement des contenus sans bien comprendre de quelles différences il s'agit. Un de mes élèves ne parle pas et tourne toute la journée sur lui-même. Il me faudrait du temps pour le connaître, pour m'adapter à lui, à ses craintes, à ses centres d'intérêt. Quand il fait des « calculs » avec des jetons ou des haricots, je vois que ça va vite, très vite. Parfois, aussi, il fait des crises. Si l'ATSEM n'était pas là, je devrais délaisser ses vingt-huit camarades pour assurer sa sécurité. Je repense à Louise, cette professeure des écoles qui m'a raconté avoir fait appel à des enseignants spécialisés lorsqu'elle se trouvait démunie face à un élève autiste.

Et je me souviens de la réponse de ceux-ci : « Il faut que vous évitiez les situations de crise. » Point final. Rien d'autre. Elle avait dû se former toute seule, en consultant son médecin, dont l'épouse était spécialisée dans l'autisme. Cela m'interpelle. Nous sommes formés à l'intelligence en théorie, celle des cours de pédagogie, mais pas à l'intelligence en mouvement de vingt-neuf élèves dans une salle de classe. Pourtant, aucun enfant ne correspond à ce « profil type », et encore moins les enfants *atypiques* ou *anormaux* (j'entends par ces termes ceux qui s'éloignent le plus de la *normalité*).

À peine arrivée, il me semble problématique de proposer à tous ces enfants les mêmes activités, alors que je remarque que chacun a des besoins différents : certains peuvent rester assis sur leur chaise pour le graphisme, alors que d'autres n'aspirent qu'à bouger. Les uns adorent les temps d'échanges en groupe quand les autres sont tétanisés. Ils ont 3 ans, 4 ans, ils ont déjà appris à être disciplinés. Une part non négligeable de ces élèves m'écoute parce qu'ils apprennent dans la crainte.

Cet après-midi de décembre, ma « maîtresse-formatrice » doit me rendre visite. Elle m'a annoncé sa venue à 14 heures, je suppose qu'elle a choisi l'heure de la sieste afin que je puisse me libérer plus facilement. Je m'attends à boire un café sur la table de la cuisine commune, parler de mes premières impressions. Elle me demandera, certainement, si je ne rencontre pas de problème particulier avec mes élèves, si j'ai besoin de conseils, d'aide. Je lui raconterai avec humour mon immersion, depuis un mois en classe avec des enfants si jeunes, ces virus que je récolte à la chaîne, la galère des trajets quotidiens, le stress des préparations dans la hâte. Et puis, qui sait, elle me tapotera peut-être l'épaule en me glissant un : « T'en fais pas, moi aussi je suis passée par là. » Que pourrait-elle me dire d'autre ? Je n'ai que dix jours d'expérience en classe de maternelle.

Les enfants ont l'air sereins. Ils chantent en italien, reproduisent des expériences « scientifiques », regardent un livre. Je les conduis à la sieste. C'est dans le planning. Si certains ne voulaient pas dormir, ce qui arrivera certainement plus tard dans l'année, cela me semblerait aberrant de les y obliger. Pourtant, mon planning m'impose de surveiller la sieste. Comment pourrais-je me dédoubler dans ce cas, surveiller ceux qui dorment et ceux qui sont éveillés ? D'autant que l'ATSEM est affectée à d'autres tâches. Je ne peux pas non plus sacrifier le sommeil de ceux qui dorment. Le sommeil, ce n'est un secret pour personne, est essentiel pour consolider les apprentissages. Les neurologues insistent sur l'impact délétère du manque de sommeil sur la mémoire. Pas question de supprimer la sieste. Les enfants s'allongent.

Comme d'habitude, je chante aux élèves leurs chansons favorites : « La ballade irlandaise » et « Une chanson douce »… Les enfants s'apaisent, ferment les yeux… j'aimerais faire de même…

Mais à peine ai-je fini le premier couplet de la seconde chanson que l'ATSEM ouvre la porte le visage mâtiné d'inquiétude. La lumière pénètre dans la salle. L'accalmie est terminée. L'expression livide de l'ATSEM m'effraie. *Quelqu'un est mort ? Un parent d'élève veut porter plainte contre moi ?*

« Il y a deux personnes pour toi dans le hall. »

Je sors de la salle. Deux personnes m'attendent effectivement derrière la porte. La fameuse tutrice, et une autre personne. Je leur souris bêtement, persuadée que cette rencontre se déroulera dans le partage, entre adultes bienveillants. Mais leurs visages d'acier et leurs bouches closes me mettent au parfum : « Bonj… Vous n'êtes pas madame… ? Je… Je ne vous voyais pas comme ça… C'est que… Alors, je laisse mon ATSEM s'occuper de la sieste… »

Quand le stress parle à ma place, la communication devient ardue. Visages secs. Ils se refusent à répondre à mon sourire. Les commissures de leurs lèvres semblent supporter tout le poids du monde tant elles s'inclinent vers le sol en lino orange du hall. Un petit homme à lunettes et une femme deux fois plus grande que moi me font face. Ils ont le regard plus suspicieux que deux flics qui viendraient m'interroger pour une accusation de maltraitance. Je sens que je vais passer un moment très désagréable. Autre erreur de jugement : ce ne sont pas mes amis. Ce ne sont pas des soutiens. Après les glaciales salutations, le moment est venu de se faire remonter les bretelles : « Vous trouvez cela normal que nous venions pendant la sieste ? Comment peut-on faire pour vous voir travailler ? »

Naïvement, j'avais pensé que dans une classe de maternelle, il était évident pour eux que les élèves seraient à la sieste à 14 heures. Apparemment non. Je n'avais rien, mais rien compris. Je pensais que ces personnes venaient pour me soutenir. Pas du tout, ce sont des contrôleurs du travail. À l'Éducation nationale, on contrôle avant tout les employés. Je commence à rougir, à trembler, et je patauge à nouveau dans le flou.

« Nous voulons voir des apprentissages », piaille le petit à lunettes. Ces deux sbires imaginent-ils que je suis une paresseuse enfermant les enfants dans les dortoirs pour boire sa tisane et se tourner les pouces en paix ? Les questions qu'on me jette au visage résonnent comme une application de commande vocale : « Où en êtes-vous dans votre progression ? », « On peut voir votre cahier journal ? », « Quels outils pédagogiques avez-vous mis en place pour créer de la différentiation et avec quels élèves ? », « Comment évaluer les apprentissages ? », « Où en êtes-vous dans votre séquence ? », « Les enfants ne devraient plus être à la sieste à cette période de l'année ! », « Nous voulons voir tous vos documents ». Le petit à lunettes n'en démord pas. « Mes documents sont sur mon ordinateur, mais je ne m'en sers pas en classe car avec vingt-neuf enfants de 3 à 4 ans, je n'ai pas le temps de lire ou de rédiger quoi que ce soit. » Nouvelle erreur.

Mon ventre s'élime chaque fois que moineau sec remonte ses lunettes. Il est très, très contrarié. Ils veulent à bouffer. Et qu'est-ce que ça bouffe ces bêtes-là ? Des colonnes, des tableaux, des compétences pour *voir* des apprentissages. Eux, ils en ont des cases. Ils veulent les remplir, ça ne les intéresse pas de savoir qui je suis, comment je suis arrivée là, mes impressions et mes éventuelles difficultés sur ces premières journées. J'ai la chance d'avoir enseigné auparavant et d'être mère de famille aussi ne suis-je pas perturbée par l'âge et les besoins des élèves. Mais certains de mes collègues n'ont pas cette expérience et se trouvent démunis face à leurs nouvelles responsabilités. Une rencontre avec des collègues plus expérimentés, des conseils prodigués avec bienveillance, sont nécessaires, bien plus que d'évaluer la conformité d'un enseignant avec des formulaires : P1, P2, CC1, CC14... J'ai l'impression d'être une vache que l'on observe, pèse, ausculte, et dont on ignore totalement le point de vue.

Avant d'être envoyés en classe, les jeunes professeurs ont eu droit à une prérentrée, à laquelle je n'étais pas et au cours de laquelle on les a mis au parfum. Mes collègues m'ont rapporté en particulier leur stupeur quand une représentante de l'inspection les a accueillis en leur racontant avoir reçu un mail commençant par « Madame », au lieu de « Madame + titre » et que cela était inacceptable. Elle leur a ensuite dispensé un sermon sur la nécessité de respecter la hiérarchie.

Peut-être que si j'avais vu cette scène de mes propres yeux, j'aurais fui cette institution démente. Mais je suis là. En face de mes « tuteurs » qui me scrutent, les cases au bout du stylo. De toute façon, pour moi, c'est déjà trop tard. Nous en avons ri hier avec quelques nouvelles recrues, les enfants de chœur de l'Éducation nationale semblent avoir un sixième sens pour déterminer les encombrants, ceux qui n'ont que trop peu de goût pour la procédure et la hiérarchie. Je suis prévenue : mon profil peu académique risque de déplaire.

Et la prophétie se réalise sous mes yeux. Ils viennent de mettre mon visage dans la case des incompétents, des rebuts, des récalcitrants, de ceux qui seront harcelés jusqu'à ce que démission s'ensuive. Les enseignants qui ont su apprivoiser les codes de l'Éducation nationale sont unanimes : il faut faire semblant. Jouer la comédie. Acquiescer. Mais je fais partie des handicapés du mensonge. Ceux qui ne savent pas mentir, ou qui mentent si mal qu'ils ne peuvent berner qui que ce soit. À chaque fois qu'ils sortent leur lance, je brandis la mienne et je fonce. Je m'oppose. J'argumente. Poliment, mais j'argumente.

Puis, comme certains de mes élèves se réveillent, il va falloir « jouer à l'enseignante » devant Monsieur et Madame les surveillants. Faire comme s'ils n'étaient pas là. Faire comme si je ne les avais pas vus. Ne pas me laisser engourdir par leurs regards dubitatifs. La voix ne doit pas être chevrotante. Ne pas bégayer.

Pendant cette phase éprouvante, je ne suis absolument pas attentive à mes élèves et à ce qu'ils me racontent, tant je suis perturbée par les deux sentinelles. Je ne pourrais pas dire que je suis effrayée. En réalité, je suis abasourdie par leur mépris et l'infantilisation qu'ils m'infligent.

Avant de partir, ils interrogent mes collègues et les ATSEM sur ma pratique, ma façon de me comporter avec les élèves. Ils ont pris soin d'être suffisamment à distance loin de moi pour que je ne comprenne pas leurs paroles. Mais par leurs regards et leurs mouvements de tête, je devine aisément qu'ils cuisinent toute l'école en quête d'une faille croustillante. Je n'ai jamais vu ça ! Si on avait montré dans un reportage sur la formation des boulangères les clients et les collègues interrogés à quelques mètres de l'intéressée, j'aurais pris cela pour une forme de harcèlement. Mais il faut croire que dans ma nouvelle boîte, c'est monnaie courante. Cet interrogatoire est insoutenable. D'autres s'en accommodent peut-être, moi pas.

Ils reviennent en classe terminer les glaciales politesses. C'est l'heure de la sortie. Avant de partir, ils me somment de présenter une paperasse à jour, il faut que je soigne les apparences, peu importent les enfants. Mon intuition les insupporte. Ma distraction les horripile. Mon côté brouillon les déboussole.

Il faut en finir avec la sieste. Il faut des programmes précis. Il faut des « apprentissages ». Obsession ridicule. À cet âge, toute activité, toute rencontre, tout échange constitue un apprentissage.

La passion du métier n'y fait rien, il faut être imbibé de cette culture scolaire que je n'ai jamais comprise. Ils se répètent. Vraiment, la sieste, à cette période de l'année (nous sommes encore au premier trimestre), n'est plus nécessaire. Il faut que les élèves travaillent selon un programme strict, il faut que chaque plage horaire soit farcie de plusieurs compétences. Il faut que ma séquence soit préparée selon les critères de la sacro-sainte procédure. La séquence contient elle-même quelques séances qui doivent être rigoureusement détaillées, par tranche de 2, 3 à 10 minutes.

Dans une séance type, on doit trouver la description exacte des activités et des réactions de l'élève :

« mobilise son attention », « écoute les consignes » (5 minutes), « écoute le texte lu par le professeur », « repère le champ lexical des mots » (6 minutes), « reformule avec ses propres mots le contenu de l'histoire », « produit un énoncé oral cohérent et syntaxiquement correct », « s'entraîne à utiliser un vocabulaire approprié » (4 minutes), etc., et ce, durant 40 à 60 minutes suivant les séances. Plus aberrant encore, les participations « spontanées » sont également prévues dans ces séances, à un horaire précis. Si vous souhaitez faire découvrir à vos élèves le jeu du loto par exemple, il faudra le planifier et tout prévoir à la lettre afin qu'il n'y ait pas de surprise possible.

Je trouve cette organisation glaçante. Comment peut-elle convenir à tous les élèves ? Comment une séance prévue à l'avance, minute par minute, peut-elle s'adresser et être profitable, simultanément à tous ?

Avant qu'ils ne partent, je tente de leur expliquer qu'il pourrait être utile de maintenir la sieste, au moins pour ceux qui la demandent… Je leur glisse que ma fille de 4 ans s'écroule à la sortie de l'école si elle n'a pas pu dormir. Nouvelle erreur. J'ai abordé ma vie privée. Nous ne sommes pas au Plus Grand Cabaret du Monde, les agents de l'État n'ont pas de vie de famille. Après leur départ, je suis inquiète. Je fais part de mon bizutage à une amie, une professeure qui a eu le talent de se faire bien voir dans l'académie. Celle-ci m'explique que, récemment, une inspectrice est allée elle-même réveiller les enfants pendant la sieste, afin qu'ils se mettent au travail. Il paraît que l'on fait ça pour ceux qui n'apprennent rien chez eux. Personne n'y trouve son compte. Toilettes, rituels, séance de numération, motricité, récréation, toilettes, comptine, séance de phonologie, cantine, pédagogie à la chaîne… Comment peut-on, à l'âge de 3, 4, 5 ans, se développer sereinement en subissant une telle pénitence ?

4.

Adapter le rythme et l'environnement scolaire est indispensable

Du matin au soir, peu importent la fatigue, la faim, l'angoisse, le bruit : les cadences sont infernales. Que dire de cet environnement rigide, aux antipodes du bien-être et de la sérénité ? Comment osons-nous parquer nos enfants dans ces espaces étouffants qui n'offrent aucune possibilité de s'isoler du bruit, de se ressourcer, de se dépenser ? Nous éduquons nos enfants dans un immense paradoxe : nous visons la réussite en anéantissant les conditions mêmes de celle-ci. Exiger qu'ils s'adaptent n'est pas la solution. Il n'y a pas d'échec, il n'y a que des situations d'échecs imputables à l'environnement. En d'autres termes, j'affirme que la situation d'échec est générée par la société, c'est-à-dire le cadre au sein duquel l'individu évolue, et non par l'individu lui-même.

Nous devons de toute urgence renverser l'univers scolaire délétère qui ignore les réalités du corps. Pourquoi refusons-nous d'admettre les besoins physiologiques de nos enfants ? Nous sembleraient-ils moins nobles que les nôtres ? Pour devenir le lieu où chacun apprend, et s'épanouit, l'école doit s'adapter aux rythmes biologiques, aux développements et aux besoins particuliers de tous nos enfants.

Un rythme universel

On ne peut nier l'existence d'un rythme sensiblement commun à tous les individus. Dès les premières secondes de sa vie, l'enfant est confronté au caractère cyclique du monde, incarné par les saisons, la rotation de la Terre sur elle-même, autour du Soleil, ou encore les lunaisons. Déjà, Hippocrate considérait cette notion de rythme comme fondamentale à l'exercice de la médecine. Le caractère périodique du monde et de la vie humaine n'est plus à prouver.

En 1729, le physicien et mathématicien Jean-Jacques Dortous de Mairan présente à l'Académie des sciences une expérience rudimentaire, mais révolutionnaire. Afin de savoir si le *Mimosa pudica* suivait un rythme endogène, propre à l'organisme, ou si l'ouverture et la fermeture de ses feuilles dépendaient de son exposition au soleil, il avait placé la plante dans l'obscurité totale, dans le même environnement. Il s'aperçut que la plante continuait à ouvrir et à fermer ses feuilles au même rythme que le soleil dont elle était pourtant privée. Cette expérience lui permit de mettre en évidence l'existence d'un rythme de vingt-quatre heures propre à la plante, indépendamment du cycle lumière/obscurité. C'est ce qu'on nomme le « rythme circadien » (de *circa*, « autour » et *dies*, « jour », environ un jour, une rotation de la Terre sur son axe), un phénomène qui a, par la suite, été confirmé pour les animaux, mais aussi les hommes depuis les expériences menées dans les années 1960 par le spéléologue Michel Siffre.

Située dans l'hypothalamus, l'horloge circadienne, elle-même contrôlée par quinze « gènes horloge », joue le rôle de chef d'orchestre du corps humain. Elle régule l'alternance sommeil/veille, la fréquence cardiaque, l'appétit, ou encore la production d'hormones. Études après études, l'horloge circadienne affirme son caractère indispensable. D'après des expériences menées sur des hommes et des souris, son dérèglement peut déclencher des risques d'obésité, de diabète ou encore des maladies cardiovasculaires. Parce que sa durée ne correspond pas exactement à celle d'une journée, l'horloge circadienne est resynchronisée en permanence par l'environnement extérieur.

Les chronobiologistes, qui étudient les rythmes biologiques humains, déplorent depuis des décennies les journées de travail trop longues et les années scolaires trop courtes des élèves français, qui, avec 864 heures de classe par an, battent les records de temps passé vissés sur leur chaise. À la fin de sa scolarité, un élève finlandais aura suivi 2 000 heures d'enseignement en moins qu'un élève français. Quant aux congés scolaires, ils sont tributaires de l'économie et du monde du travail depuis des siècles. Dès 1231, le pape Grégoire a accordé aux écoliers une période de congés de « vendanges ». En 1882, Jules Ferry propose un calendrier scolaire permettant à l'enfant de poursuivre son travail agricole et son enseignement religieux parallèlement à sa scolarité. Puis, à partir des années 1960, ce n'est plus l'agriculture, mais l'industrie du tourisme qui dicte le calendrier scolaire au ministère de l'Éducation nationale. En 1968, il est de nouveau modifié afin de dégager des vacances d'hiver suffisamment longues pour le plus grand plaisir des lobbys des sports d'hiver, qui ont investi dans des infrastructures pour les jeux Olympiques de Grenoble.

Nous héritons non pas d'un calendrier conçu pour les élèves, mais d'un rythme annuel orchestré par les lobbys du tourisme. En juin 2020, après le confinement, le gouvernement organise un retour en classe hasardeux, dans des conditions douteuses, au détriment des élèves et des enseignants. Mais l'économie pourra reprendre ses droits puisque les parents pourront retourner travailler.

Dans certains corps de métier, une attention particulière est portée sur l'horloge biologique, car de nombreux accidents lui sont imputables. Par exemple, Charles Ehert, chronobiologiste américain, avait attribué l'accident nucléaire de Three Mile Island[1], ou encore le crash aérien du 31 octobre 1979 d'un McDonnell Douglas DC-10 à Mexico à une négligence du rythme biologique humain dans l'organisation du travail.

Des études ont montré que les enfants ont une meilleure concentration entre 9 h 30 et 11 h 30 puis de 15 heures à 16 h 30. En revanche, il a été établi qu'un réveil entre 6 h 30 et 7 h 30 ne leur permettait

1. Philip Robert Harris, *The New Work Culture : HRD Transformational Management Strategies*, Amherst, HDR Press, 1998.

pas d'être attentifs la première heure de classe. Ces horaires se révèlent être encore plus catastrophiques pour les adolescents, qui voient leur rythme se décaler à la puberté. « Demander à un adolescent de se lever et d'être alerte à 7 h 30, c'est comme demander à un adulte d'être actif et alerte le matin à 5 h 30 », expliquait Horacio de la Iglesia, professeur de biologie dans un article publié sur le site de l'université de Washington[1]. Une information perturbant peu les décideurs, qui n'ont que faire du sommeil et de l'attention de nos enfants.

Mais les rythmes quotidiens et hebdomadaires ne sont pas les seuls à influer sur l'attention. Selon les saisons, les facultés d'apprentissage évoluent.

Le docteur Christian Bourbon du CHU de Toulouse est parvenu à détecter un processus d'hibernation chez l'homme, et une hypersomnolence hivernale qu'il serait indispensable de prendre en compte dans l'emploi du temps scolaire. En deux mots, il est prouvé que l'hiver est le temps de l'hibernation.

Il est ainsi fortement préconisé par certains chronobiologistes d'alléger l'emploi du temps hivernal des élèves, période pendant laquelle il n'est donc pas possible d'avoir les mêmes exigences en matière de compétences et d'attention. Pour l'heure, rien n'a changé.

1. James Urton, « University of Washington, « Teens Get more Sleep, Show Omproved Grades and Attendance with Later School Start Time, Researchers Find ».

Respecter les rythmes singuliers

Tandis que tous les spécialistes déplorent un rythme social aux antipodes du rythme biologique universel, l'existence d'un rythme propre à chaque individu s'impose comme une évidence. En effet, les scientifiques spécialistes de l'horloge humaine admettent que les rythmes circadiens peuvent varier d'un individu à l'autre. Il suffit de comparer notre besoin de sommeil à celui de notre conjoint, de nos collègues et nous ne sommes guère surpris d'apprendre que notre voisine dort dix heures par nuit, alors que son mari se contente de cinq.

Tous les parents le savent, nous ne naissons pas non plus avec un rythme de 24 heures. Les nouveau-nés viennent au monde avec un rythme « ultradien[1] » de quelques heures. Au terme de quelques semaines, ou plusieurs mois, ils adoptent le rythme circadien de leurs parents. C'est la flexibilité de notre horloge circadienne qui leur permet de s'adapter à l'heure sociale, avec plus ou moins de difficulté.

Les rythmes individuels sont contrariés par un rythme social. Mais les phases de performance des élèves ne sont pas synchronisées pour autant. Les études qui portent sur la chronobiologie et les rythmes scolaires montrent bien ces disparités. D'autres facteurs que l'horloge circadienne entrent bien évidemment en jeu, et prédire la réactivité et les performances d'un individu sans prendre en compte

1. Rythme inférieur à 24 heures.

ses intérêts, sa personnalité, ses habitudes, ou son contexte familial serait insuffisant.

L'expérience de confinement liée à l'épidémie de Covid-19 a permis à de nombreuses familles de s'affranchir de certaines contraintes sociales et d'adopter un rythme plus naturel, propre à chacun. Au sein de ma famille de quatre enfants, j'ai pu observer que les phases de recherches, de lecture, d'excitation différaient d'un profil à l'autre. Cette épreuve a douloureusement mis en évidence le manque de respect de l'institution scolaire pour la diversité des rythmes et des besoins spécifiques de chaque enfant.

Dans cette période, plus de 40 % des parents que j'ai interrogés ont constaté que leurs enfants semblaient plus sereins, tandis que 20 % se sont montrés plus anxieux[1]. Pour une majorité de parents, l'absence d'école et de contraintes horaires générait de l'épuisement, mais aussi une forme d'apaisement. Nous sommes nombreux à avoir observé qu'une autorégulation s'installait progressivement, mettant en évidence les besoins de chacun. Des enfants et adolescents ont inventé leurs propres rituels, ont trouvé leur organisation spécifique sans aucune incitation adulte, ont choisi des activités qui requièrent plus ou moins d'énergie. Quelques exemples : sauter sur un trampoline, fabriquer une cabane sur son lit, faire des « pompes », lire sur le canapé, ranger des objets, faire un puzzle, démonter une lampe, faire des tours de la maison à vélo... Chacun, chaque jour, consacrait plusieurs heures à des activités *intellectuelles* : mathéma-

1. Sondage La Neurodiversité-France, 2020.

tiques, lecture, écriture, expériences... En revanche, celles-ci ne correspondaient pas nécessairement au travail envoyé par les enseignants ! Le confinement a, contre toute attente, attesté des bienfaits d'un rythme choisi, et non subi. La plupart des jeunes se sont *réapproprié* le temps et ont prouvé que leur motivation était intimement liée au respect de leurs rythmes.

Lors de la reprise scolaire en petits groupes, une enseignante de maternelle me confiait avoir été frappée par la métamorphose de ses élèves qui dormaient tous à la sieste (alors qu'aucun ne parvenait à s'endormir auparavant), étaient plus calmes au cours de la journée, terminaient d'eux-mêmes leurs activités dans la sérénité, parce que l'équipe pouvait se permettre d'être à l'écoute des besoins des huit enfants accueillis : « Avec mon ATSEM, nous avons fait un cruel constat : en temps normal, nous allons vraiment à l'encontre du rythme des enfants. »

Nous gagnerions du temps et de l'énergie en enterrant notre rigidité qui fait souffrir les élèves comme les enseignants et nous pousse à mettre en œuvre des stratagèmes insensés (« Ne bouge pas pendant trois minutes », « Le premier qui se lève a un mot dans son carnet », « Si tu joues encore avec ta règle, je la jette par la fenêtre », « Tu écoutes, et tu arrêtes de dessiner », comme si ces deux actions étaient incompatibles).

Libérer l'attention

J'ai constaté lorsque j'enseignais la philosophie, que si beaucoup d'élèves de terminale étaient exténués lors des cours du vendredi de 16 à 18 heures, d'autres l'étaient davantage à 8 heures ou à 13 heures. Un même élève pouvait sembler vif et alerte le matin, et complètement amorphe l'après-midi. L'attention est indomptable. Il faut cesser de faire croire aux enseignants qu'ils peuvent contraindre leurs élèves par la force ou la menace. La concentration appartient à l'élève, et lui seul sait *comment* et *quand* il peut être réceptif en cours. L'attention n'émerge que s'il se libère du mal-être physique provoqué par des contraintes qui peuvent paraître superficielles : rester en position assise, avoir mal au ventre, aux yeux, sentir sa jambe sautiller. Cela peut déstabiliser nos réflexes conservateurs, mais si nous voulons avancer, et nous avons encore un long chemin à parcourir, acceptons cette évidence : il faut libérer l'attention des élèves des archaïsmes de l'enseignement industrialisé.

Dans le cadre de ma thèse sur les normes scolaires et la neurodiversité, je suis le travail de plusieurs enseignants, en classes ordinaires et spécialisées. Ce que les enseignants spécialisés ont à nous apprendre ne se limite pas à l'autisme ou au handicap. Certaines de leurs attitudes sont propices au développement de tous les enfants. Perrine Sonneville, enseignante et responsable d'un DAM[1] dans le Nord, a pris l'habitude de lire plusieurs fois la même histoire en classe, le matin, comme un rituel quotidien. Elle met un point d'honneur à ne pas transformer ce moment sécurisant et serein en une contrainte. Pendant cette

1. Dispositif autisme maternelle.

lecture, les enfants sont libres de déambuler dans la classe, de jouer, de s'installer dans un coin isolé… *A priori*, le spectacle de cette enseignante lisant un album tandis que l'un se roule sur un tapis, que l'autre empile des cubes pourrait faire penser à du laxisme. Et pourtant, elle sait pertinemment ce qu'elle fait. Elle a rapidement réalisé que les élèves mémorisaient les histoires dans leur intégralité, en dépit de leurs jeux parallèles ou de leurs yeux « dans le vague ».

Cette observation inspire l'humilité, mais surtout éclaire notre conception de la concentration. Il serait temps de comprendre que l'attention d'un enfant ne dépend pas de son immobilité ou de son regard fixé sur l'enseignant. Les élèves de Perrine Sonneville étaient plus à l'écoute lorsqu'ils avaient la possibilité de se mouvoir et de regarder ce qu'ils voulaient, contrairement à ces enfants quotidiennement agrafés à leurs chaises ou, pour les plus petits, aux bancs renommés par l'école le « coin regroupement ». Il est évident que dans une classe de vingt-neuf élèves pour un seul enseignant, cela constitue un véritable défi. C'est pourquoi il faut changer en profondeur nos pratiques, et nous défaire de nos préjugés.

J'ai aussi fait ce test, lors d'ateliers philosophie avec des enfants de 7 à 10 ans, de ne pas me préoccuper de leur attitude. Ce qui n'est pas aisé tant l'exigence d'une posture « correcte » est ancrée en nos esprits. Le fait d'être allongés, assis, à l'écart des autres, juchés sur un ballon, de dessiner, ne les empêchait pas d'être attentifs et de s'intéresser aux débats. Bien au contraire. Que de temps avons-nous perdu avec des exigences inutiles.

Pour intégrer les rythmes particuliers et les oscillations de l'attention des enfants, il va nous falloir lutter contre les idées qui façonnent la culture scolaire. Il nous faut innover. Nombre d'enseignants, surtout les plus jeunes, culpabilisent lorsque leurs élèves sont en récréation, surtout si celle-ci dure un peu plus longtemps que prévu. Pourtant, la récréation est un moment indispensable au développement. Si le bon sens ne suffit pas à convaincre les enseignants ou les parents, certaines publications en attestent, à l'instar d'une étude de l'American Academy of Pediatrics, qui démontre que les récréations permettent de découvrir le monde et se socialiser dans un cadre moins rigide. Leur fréquence entraîne une diminution du stress et de la distraction qui interfèrent avec les apprentissages[1]. En d'autres termes, elles apportent une expérience du monde informelle, et sont aussi le moment où l'enfant « respire ».

Notre capacité à nous concentrer sur des tâches précises et nos besoins d'activités physiques sont extrêmement variables d'une personne à l'autre. Nous punissons, contraignons, rééduquons nos corps afin qu'ils adoptent un rythme académique. Or, d'un point de vue éthique, mais aussi stratégique, s'adapter aux variations de l'attention et aux besoins d'exercices physiques est la seule option. Et cela est tout

1. Andrew S. Garner, Robert Murray et Catherine Ramstetter, « The Crucial Role of Recess in School », *Journal of School Health*, vol. 80, n° 11, p. 517-526.

à fait possible : les écoles démocratiques, qui appartiennent à un mouvement pédagogique alternatif initié en 1921, à Leiston, en Angleterre, avec la création de la Summerhill School, permettent à l'enfant d'organiser spontanément ses apprentissages selon son propre fonctionnement : horaires plus souples, temps de repos et de pause libre… Cette liberté de rythme n'entrave absolument pas les enseignements et offre aux élèves un préalable essentiel à leur développement : le bien-être.

À l'école Nikola-Tesla, les jeunes arrivent et partent de l'école aux horaires de leur choix, tout en s'engageant à respecter un minimum de cinq heures de présence quotidienne. L'équipe a pu constater que les arrivées échelonnées contribuaient, comme l'on peut s'y attendre, à l'instauration d'un climat de sérénité et à une diminution de la fatigue. Les arrivées se font dans le calme et ceux qui souffrent d'insomnie peuvent apprendre sans être épuisés. « Ils sont moins fatigués, plus présents », m'expliquent les encadrants. Les cours traditionnels étant remplacés par des activités et des projets à l'initiative des élèves, les participants s'organisent eux-mêmes pour les mener à bien. Ce respect des rythmes de chacun a un impact incroyable sur le stress et préserve l'apprentissage volontaire. Il n'y a, de ce fait, pas d'horaires de cours fixes.

Les enfants en échec à cause d'une « hyperactivité » illustrent bien cette nécessité. Il y a fort à parier que nombre d'entre eux pourraient s'apaiser et se consacrer davantage à leur construction dans un cadre plus flexible. Les TDAH, considérés comme porteurs d'un

« trouble » de l'attention avec ou sans hyperactivité, ne sont détectables par aucun marqueur biologique. Cette spécificité définie comme une maladie – donc une altération de l'organisme – est tantôt attribuée à une cause génétique, tantôt à un contexte de monoparentalité, de chômage ou de précarité. Elle est diagnostiquée par l'observation du comportement de l'enfant qui perturbe, entre autres, le « rendement scolaire », l'efficacité, et que l'on tente d'étouffer par des astuces comportementales[1] ou des médicaments.

Alors que la presse canadienne s'extasiait récemment devant le cas d'un père de famille qui aurait « vaincu le TDAH de son enfant par le sport », il me semble que l'on prend le problème à l'envers. Ne serait-ce pas plutôt le manque d'activité et l'ennui qui grossirait considérablement les rangs de ces nouveaux « handicapés » ?

De nombreuses études montrent que vingt minutes d'exercice améliorent la concentration, réduisent la fatigue et augmentent les performances cognitives. Aux États-Unis, 5 % des 2-17 ans prennent des médicaments contre le TDAH. Parallèlement, une étude de Harvard[2] a mis en évidence que les plus jeunes élèves d'une classe ont 30 % de risque en plus que les autres de recevoir ce diagnostic : « Ces résultats

1. Le comportementalisme est un courant de la psychologie américaine qui corrige les comportements plutôt qu'il ne les analyse.

2. Timothy J. Layton, Michael L. Barnett *et al.*, « Attention Deficit–Hyperactivity Disorder and Month of School Enrollment », *The New England Journal of Medicine*, 2018.

suggèrent la possibilité qu'un grand nombre d'enfants sont surdiagnostiqués et surtraités pour le TDAH parce qu'ils sont relativement immatures par rapport à leurs camarades de classe plus âgés dans les premières années d'école élémentaire », rapportait l'équipe dans le *New England Journal of Medecine.*

Il y a sans doute des formes plus ou moins « graves » de TDAH. Il est fort probable que certains cas extrêmes aient besoin de dispositifs et de soutien particuliers. Cependant, il n'y a aucun doute : assouplir les horaires et les temps de pause permettrait à ces enfants d'exprimer leurs capacités de concentration et leur créativité.

Assouplir le temps scolaire

Assouplir le temps scolaire, c'est se débarrasser des contraintes inutiles et adopter une attitude réactive, c'est-à-dire alerte et tolérante : se reposer, se dépenser, manger, apaiser une crise... sont autant de besoins qui ne peuvent être assouvis que de manière individuelle, et personnelle.

Former les enseignants aux rythmes biologiques, mais aussi à leur diversité, aux fragilités de certains élèves, fait partie intégrante du projet d'une école humaniste, soucieuse de la réussite de tous. Se satisfaire du même rythme pour tous les enfants aboutit au modèle de l'*élève unique,* triste clone ayant besoin d'uriner, de sortir, de faire des mathématiques à la même heure. Ce ne sont pas seulement les enseignants qu'il faut former, mais tous les acteurs de l'éducation : parents, ATSEM, accompagnants, et surtout les élèves eux-mêmes.

Cette perspective pourrait paraître individualiste. C'est l'inverse ! C'est parce que l'enfant est nié dans sa singularité, parce qu'il est physiquement ou psychologiquement mal à l'école, qu'il adopte une stratégie individualiste. Premièrement, parce que la seule chose qui lui importe, c'est la survie. Deuxièmement, parce qu'en le contraignant, le collectif apparaît comme une agression.

En revanche, dans un établissement où les identités et les rythmes individuels sont respectés, le « sens du collectif » (j'entends par là une capacité à accepter les besoins d'autrui et à apporter son énergie à un projet commun) prend du sens. La motivation n'est pas éteinte, bien au contraire. C'est exactement ce que l'on observe dans les écoles démocratiques.

En assouplissant les horaires, l'école perdra son statut de contrainte pour redevenir le lieu de la conquête du savoir, de l'épanouissement et de la socialisation. Pourquoi ne pas dans un premier temps s'inspirer de la Finlande, un pays où l'école s'achève à 14 h 30 et où les enfants ont beaucoup plus de récréation et de souplesse pour leur temps de pause (après chaque cours de 45 minutes, les enfants bénéficient d'une pause de 15 minutes. Ils sont par ailleurs libres de sortir ou de rester à l'intérieur) ?

La crise du Covid-19 a suspendu la temporalité que nous subissions jusqu'alors. Travailler à la maison, moduler ses horaires est apparu comme un ajustement possible. Avec un rythme plus libre, les conséquences ne seront pas uniquement pédagogiques :

une telle organisation aura un impact sur le climat et la santé publique. À quelques minutes près, l'équilibre d'une famille peut être remis en question. Des horaires et une cadence moins millimétrés réduiront le stress, inciteront les citoyens à prendre leur vélo ou à se rendre à pied au travail et à l'école, diminuant les problèmes de garde et la charge mentale des parents.

Les textes institutionnels vantent les mérites de « la métacognition » qui consiste à avoir une réflexion sur les mécanismes d'apprentissages et sur ses connaissances. Mais si l'on veut que l'enfant maîtrise sa relation au savoir, apprenons-lui à connaître son corps et ses rythmes. Apprenons-lui à exprimer sa fatigue, sa sensibilité à son environnement, apprenons-lui qu'il dort dans le noir afin de favoriser la sécrétion de mélatonine, apprenons aux jeunes filles l'impact du cycle menstruel sur leur humeur ou leur fatigue. Les « incidents » : sentiment d'épuisement, excitation, crise d'angoisse ou d'hypoglycémie (et celles-ci sont fréquentes en classe !) sont l'occasion de mener des recherches, d'explorer son corps et d'ajuster l'organisation du travail.

Les expériences visant à démontrer les meilleures conditions d'apprentissage des enfants se font, hélas, indépendamment les unes des autres : on nous assène, d'un côté, le besoin d'affect, de l'autre celui du sommeil, puis les impératifs alimentaires, la nécessité de se construire au sein d'un modèle familial moderne, auprès de deux parents en activité, l'exigence d'une éducation culturelle, artistiquement riche… De ces études émanent des injonctions contradictoires que parents et enseignants peinent à respecter. Nous avons besoin d'une vraie politique éducative et familiale, globale et indépendante des intérêts autres que ceux de l'enfant. Organisons nos vies *pour* et non pas *en dépit* des familles.

Adapter l'environnement plutôt que l'élève

Parce que notre conscience de l'égalité des intelligences et de la nécessité de prendre en compte la diversité arrive à maturité, nous comprenons l'intérêt de mettre tout en œuvre pour que l'environnement scolaire s'adapte à tous les enfants.

L'architecture, la flexibilité des écoles et des salles de classe sont fondamentales pour offrir des conditions d'apprentissage et d'épanouissement équivalentes. D'aucuns répliqueront que les élèves doivent s'adapter au monde et affirment qu'il s'agit là d'un enjeu d'*égalité*. Mais leur imposer l'apprentissage dans les mêmes conditions, alors que tous n'ont pas, par exemple, la même tolérance au bruit, ou à la position assise, n'est ni juste ni supportable.

Prenons l'exemple de l'hyperacousie, qui concernerait 16 % des jeunes de 15 à 17 ans. Cette intolérance aux bruits rend, comme on peut l'imaginer, leur quotidien scolaire infernal. Le bruit des couverts à la cantine, les bavardages des camarades, le crissement d'une craie, ou même le déchirement d'une feuille de papier peuvent devenir une véritable source de souffrance. Ces difficultés ont un impact sur la vie scolaire, sociale, familiale des jeunes concernés. Elles ont des effets néfastes sur l'irritabilité, la dépression et le sommeil. La concentration et la disponibilité pour les apprentissages sont aussi fortement affectées. Faut-il pour autant déscolariser ces élèves ? Créer des classes spécifiques pour l'hyperacousie ?

Assurément, non ! Mais la création d'espaces insonores dans un établissement où les élèves peuvent savourer le silence, ou une musique de relaxation par exemple, est indispensable, tout comme la mise à disposition de casques antibruit, afin de rendre l'environnement supportable et propice aux nouveaux projets. L'aménagement d'un espace de repos en accès libre semble le minimum que l'on puisse exiger. Et c'est valable pour tous les élèves. Ces espaces de silence ne seraient pas un luxe pour nos enfants qui subissent le vacarme toute la journée. Il s'agit de leur permettre de se calmer, d'apaiser leurs tensions, leur anxiété en cas de difficulté ou de crise. De plus en plus d'adultes bénéficient de ces dispositifs, pourquoi nos enfants seraient-ils les plus mal lotis ?

Dans une minuscule classe de maternelle, déjà inondée de mobilier et de matériel, j'ai expérimenté la mise en place de quelques espaces permettant la détente, une activité particulière ou la solitude. Ces lieux étaient très appréciés des enfants, en particulier les coins « yoga » qui leur permettaient de pratiquer des figures simples et de se reposer. Spontanément, ils prenaient une pause au cours ou à la fin d'une activité et le sérieux et le calme dont ils faisaient preuve lors de ces moments privilégiés tranchaient avec leur excitation habituelle. La coopération des élèves de maternelle dans ce type d'initiative donne un avant-goût des capacités des plus âgés, à se réguler eux-mêmes plutôt que de « péter un câble » après six heures de classe !

Une organisation de l'espace plus réactive ou adaptable et une architecture qui va en ce sens ne sont pas des ambitions irréalistes. La Nouvelle-Zélande, qui a refondé son système éducatif depuis 2007, a révisé l'architecture de ses écoles selon le principe du *flexible learning space* (espace d'apprentissage flexible) : des espaces de solitude, de travail collaboratif, des coins « feux de camp » dédiés à la rencontre avec les intervenants sont organisés pour laisser libre cours à la coopération et à la créativité, tout en respectant les besoins de chacun[1]. En Océanie, une place importante est accordée aux espaces ouverts. Dans ces nouvelles écoles, l'architecture offre plus de possibilités et les élèves ne sont pas cantonnés à un seul lieu selon leur classe d'âge. La coopération entre élèves de différents niveaux est ainsi possible, les compétences sont associées dans une visée commune.

Ouvrir les infrastructures, mais aussi se reconnecter avec l'extérieur, dont nous fûmes privés pendant le confinement, est vital pour l'école. Un accès libre à la cour et à des espaces verts est indispensable. N'oublions pas de faire rentrer l'oxygène. Après avoir mesuré minute après minute la concentration de dioxyde de carbone dans des salles de classe, des médecins suisses ont constaté qu'elle dépassait rapidement la norme légale (de 1 000 mg/m^3), et

1. Voir le site internet de Juliette Perchais, « Stories of Inspiring Teachers » : http://www.storiesofinspiringteachers.com/

ce parfois après dix minutes de cours ! Au-delà du seuil toléré, la concentration en CO_2 a pourtant des effets néfastes sur l'apprentissage : somnolence, difficultés de concentration, difficulté à résoudre des problèmes… Avant de déplorer une faible motivation de nos élèves, aérons leurs esprits !

Qu'attendons-nous pour en finir avec cette école rance, pour la réconcilier avec la nature ? Le corps ne peut plus se taire. Nous devons mettre fin à la séparation du corps et de l'esprit car l'enfant, pour apprendre, a besoin de respecter son organisme. De bouger. De ne pas avoir mal. De ne pas être épuisé. De ne pas supporter une lumière, un bruit, qui l'agresse. Non, ce ne sont pas des caprices. Ce sont des fondamentaux. La réussite n'aura pas lieu si nous n'adoptons pas un rythme scolaire souple et réactif, fondé sur l'acceptation de notre vulnérabilité, et la confiance en l'apprentissage volontaire. Exigeons que ces droits soient respectés dès à présent. Laissons nos enfants aller au rythme des tortues, c'est ainsi qu'on remporte la course.

5.

« Je veux apprendre à lire l'heure à l'envers ! »

C'est mon tour. L'inspecteur et une conseillère pédagogique me rendent une visite de courtoisie au sein de ma nouvelle école. En théorie, les enseignants stagiaires ont un poste pour l'année. En pratique, ils servent parfois de remplaçant. J'ai donc changé d'école et termine, depuis trois semaines, mon année de stage auprès d'une classe de moyens-grands en maternelle.

Je ne sais pas si vous avez déjà vu un enseignant qui attend son inspection. Cette perspective l'obsède trois mois auparavant. Plus rien n'existe autour de lui, il n'est plus disponible ni physiquement ni psychologiquement et n'attend qu'une chose : recommencer à vivre. L'avantage d'avoir été prévenue la veille est que je n'ai pas eu le temps d'éprouver de l'angoisse : juste une nuit à me remémorer les récits de stagiaires traumatisés. Là, il n'est plus question de maîtres formateurs. C'est l'inspection.

Mes collègues arrivent progressivement jusqu'à 8 h 15. Toujours souriants, toujours de bonne humeur. Rien à voir avec ma précédente école. Ici, au milieu des tours, où les enfants fuguent et dont une partie ne parle pas notre langue, mieux vaut être solidaires. Les collègues m'apprennent que rien ne se passe comme le prévoient les textes. Pour obtenir la tranquillité, il est préférable de jouer docilement son rôle.

Les élèves, comme d'habitude, hurlent, se frappent, courent en entrant dans l'école. Nous cherchons à les calmer sans hausser le ton. Puis, nous aussi, nous hurlons. Pas le temps de faire de la psychologie, ici tout est question de survie.

« Oh ! »

« Ça va pas non ? »

« Tu ne tapes pas tes camarades ! »

« Mettez-vous en rang correctement s'il vous plaît ! »

Au loin, je vois que ça provoque. Ils s'énervent, froncent les sourcils, se ruent les uns sur les autres. Coups de poing. Visages ensanglantés. Jeux vidéo. Film d'action. Certains grimpent au grillage. On court. Ils ont 5 ans. Il paraît qu'on ne devrait pas en arriver là. On ne peut pas courir après ses élèves, ou alors on a raté quelque chose. Sang qui coule. Drames. « Je vais te défoncer. » « Je vais te niquer. » On éloigne les provocateurs, on tient les offensés.

Nous redoublons d'imagination pour les détourner de leur colère, les faire travailler sur leurs émotions et toutes ces pratiques en vogue. Il faut bien essayer. On peut commencer la classe. Les maîtresses de ZEP sont des saintes officiant dans l'ignorance et l'ingratitude de leur hiérarchie.

L'inspecteur cravaté et sa conseillère pédagogique débarquent le matin, alors qu'ils avaient annoncé leur venue pour 14 heures. Dommage pour eux, nous allons au cinéma. Ils repartent bredouilles, bien obligés de revenir à l'heure dite. Commence une matinée avec mes élèves ponctuée de pics d'adrénaline à chaque fois qu'on monte dans le bus ou qu'on traverse un passage piéton. Une matinée à les compter, recompter, appeler, rappeler, à dire « chuuuut » et à moucher les nez.

Pause déjeuner. Stress. Panique. Culpabilité. Les juges vont arriver. Je me rappelle de la visite des maîtres formateurs, il y a quelques mois : montrer des apprentissages, ne pas paraître trop proche de l'ATSEM. Je me sens fébrile, mais confiante. Cette fois encore, je n'ai passé qu'un mois, soit dix journées dans cette nouvelle classe. Ils seront certainement indulgents. Je veux leur montrer comment se déroulent les ateliers de manipulation lors de l'accueil, puis les enfants s'installent autour de moi au coin « regroupement » et je leur explique la situation. « Alors, les enfants, des gens sont venus observer notre façon de travailler, nous pouvons leur dire bonjour, et puis travailler comme d'habitude », quelque chose comme ça. Une élève est impatiente de montrer aux autres un calendrier qu'elle a rapporté d'un restaurant japonais. Nous travaillons sur la civilisation et la langue chinoise, elle a donc fait le lien entre les sinogrammes et l'écriture nippone. L'unique globe terrestre de l'école est indisponible, alors, dès que Leila présente son calendrier et raconte sa soirée, nous reprenons nos planisphères et faisons un point sur le Japon que nous colorierons plus tard.

Pendant que nous travaillons « le toucher », la présence des contrôleurs devient insoutenable. L'inspecteur et la conseillère gardent les yeux rivés sur ma copie et secouent la tête, dépités. J'essaie de lire sur leurs lèvres les commentaires. J'entends un petit groupe d'élèves parler de « surfaces rugueuses », aussi je décide de les laisser et de me concentrer quelques instants sur mon petit Serbe qui ne sait pas dire « chaise ». C'est l'heure de la récréation. Heureusement, ils semblent en avoir vu assez.

« Si vous permettez, je vais prendre un élève ou deux et leur poser quelques questions. »

Évidemment, ce n'est qu'une formule de politesse, que je permette ou pas, l'inspecteur va évaluer mes élèves sans les connaître. Il s'éloigne de quelques mètres et pose les fameuses questions : « Peux-tu me citer les cinq sens ? », « Et pourquoi vous avez fait cet exercice ? » C'est extrêmement désagréable comme situation, mais je constate que les petits répondent parfaitement. Je cherche à sortir de la classe pour accompagner mes élèves. L'inspecteur me bloque le passage avec un sourire odieux :

« On va s'occuper des élèves, asseyez-vous. »

Je sens dans leur regard le poids de l'oppression. Où est la bienveillance ? l'intelligence ? l'empathie ? Ces gens-là n'ont aucune idée de ce que c'est, je le vois à leur attitude froidement professionnelle. La conseillère pédagogique me demande d'analyser ma séance, ce que je pourrais faire aisément dans un autre contexte. Mais l'aspect contraignant, le sentiment d'être à mon procès me font marmonner un vague résumé de l'après-midi. Puis, l'inspecteur prend la parole. Son visage transpire le désaveu. Il pointe du doigt tous mes documents :

« Je suis ici en tant que représentant de l'institution. Et ce que je lis là m'inquiète profondément. »

Je réponds par un petit rire choqué.

« Regardez, si on prend votre cahier journal, ne trouvez-vous pas scandaleux de me présenter ces documents ? C'est inadmissible, on voit une pile de documents épars, comme ça, vous avez imprimé rapidement des documents pris sur internet… Ça ne donne vraiment pas l'impression d'un travail de préparation. Et là, il est écrit "remédiation", mais vous n'écrivez pas avec quel élève, peut-on savoir pourquoi ? »

Il me semble si évident que la remédiation (qui vise à combler les lacunes des élèves) intervient après un « diagnostic » ; les difficultés des élèves ne peuvent donc être connues au moment de la rédaction du cahier journal. Décidément, quelque chose m'échappe. Les compliments fusent :

« Votre travail ne convient pas. Ce n'est pas ce qui est attendu d'un professeur de l'Éducation nationale. »

« Avez-vous lu les programmes ? »

« Vous faites de l'animation, du "jeu", c'est sûr qu'ils n'ont rien retenu. Alors, oui, ceux que j'ai interrogés ont su répondre, mais c'était certainement de bons élèves. »

Je ne réponds rien. Je voudrais dire que dans les textes que j'ai lus attentivement, le jeu est encensé, et qu'il est écrit, là, précisément, quelles compétences l'enfant développe et que non, je suis l'unique auteure de mon travail, mis en page sur une application pour professeur des écoles, et que tout ce que je propose est dans le programme. Je suis stupéfaite.

« Et je doute que le calendrier japonais soit adapté, ils sont trop jeunes pour comprendre. C'est comme le planisphère que vous utilisez. À leur âge, poursuit l'inspecteur en contenant son mépris, leur perception de leur environnement s'arrête au coin de la rue, n'allons pas les ennuyer avec une carte du monde. »

Je ronge mon frein. Les enfants font de l'anglais, du théâtre, des ombres chinoises, des ateliers autonomes, je donne des cours de français pendant la pause déjeuner à ceux qui en ont besoin, j'essaie de trouver une manière innovante d'enseigner dans tous les domaines, je travaille jusqu'à minuit, parfois jusqu'à 2 heures du matin pour me lever à 5 et prendre la route, et je n'ai, en face de moi que du dédain et de la hargne. Aurais-je dû dire à cette gamine de ranger son calendrier ? *Non, écoute, là, ce n'est pas au programme, donc, tu remballes ton calendrier en bambou qui pue le sushi et tu viens t'asseoir me parler !*

C'est stupéfiant : rien d'autre n'existe que les circulaires et les bulletins officiels. Et encore, ceux que l'inspecteur a lus. Les découvertes, les projets qui sortent de ce cadre n'ont pas de valeur. Je respire profondément pour tenir jusqu'au bout de la garde à vue. Je me fais traiter comme une vulgaire touriste. Parce que mes documents ne correspondent pas aux standards ? Et puis c'est trop. Vraiment trop. J'éjecte bruyamment quelques larmes, je secoue la tête :

« Stop, stop, ça suffit, j'arrête, c'est terminé ! »

Je repousse violemment les documents devant moi. Mes deux spectateurs n'ont pas l'air surpris. Je ne suis sans doute pas la première. Après que l'inspecteur a pris soin d'achever son cruel monologue, ils partent, toujours aussi désagréables. Je suis toujours en larmes. Le personnage, gonflé de fierté d'avoir humilié la petite stagiaire devant la conseillère pédagogique, lance, agressif :

« Et merci de ne pas dire aux élèves "des gens" en parlant de ceux qui vous visitent, c'est un manque total de respect. Je suis "Monsieur-l'Inspecteur-de-l'Éducation-Nationale" ! »

Pendant quelques jours, mon esprit s'éteint. Cet acharnement me laisse perplexe. Tout me passe par la tête : discrimination physique, frustration sexuelle, décès d'un proche ? Qu'est-ce qui peut rendre aussi virulent et aussi intolérant ? La conseillère me confirme mon pressentiment : mon enseignement a été évalué par le prisme de mes documents de préparation, jugés trop peu académiques, et par mon « incapacité » à respecter mon cahier journal.

Le cahier journal est ce document où l'enseignant du primaire doit noter, à trois minutes près, le déroulé de sa journée. Ce formulaire ne laisse aucune place à l'« improvisation » ou à l'intuition, que j'appellerais plutôt « l'adaptation » aux élèves. On me rappelle que « nous ne sommes pas des écoles Montessori » (ce dont je n'ai évidemment pas la prétention), et que je dois encore « respecter la hiérarchie ». Devant ma perplexité, la conseillère précise que je dois rédiger des documents conformes à ce qu'on attend de moi, tout en m'appropriant ces outils. En résumé, je dois créer ma propre organisation, celle qui me convient, mais tant qu'elle n'est pas conforme à une organisation standard, on me demandera de recommencer. Tout ça n'a aucun sens.

Il me semble vraiment compliqué de résumer en quelques lignes les possibilités d'exploration que chaque nouvelle activité permet. C'est comme si l'activité pédagogique s'apparentait pour l'Éducation nationale à une boîte de sardines.

Mon emploi du temps se divise en créneaux de dix à trente minutes. Pour chacun, je dois développer le contenu de la séance, la compétence visée, les objectifs, le déroulé exact, les adaptations prévues pour chaque enfant, ceux en avance, ceux qui ont du retard dans tel domaine, les prérequis, le matériel. Développer, minute après minute, mon programme. Comme si les professeurs étaient des codeurs de l'âme.

Il me faut passer plus de temps à rédiger, préparer, cocher, qu'à interagir avec mes élèves. Bien soigner mon « cahier journal ». « Et, surtout, [m'] y tenir. » Cette phrase envahit mon crâne. Je ne comprends pas. On me parle d'adaptabilité, de réactivité, mais, en réalité, il faut rédiger un programme strict à l'avance. Les plus infimes fragments de l'emploi du temps. À la minute. Tout prévoir. Et si un élément perturbe les plans… Suivre les plans… coûte que coûte jusqu'à l'absurde.

Je suis anéantie mais aussi furieuse. Alors, dans mon esprit, mon projet s'éclaircit. Je ne laisserai pas leur médiocrité me juger. Je ne laisserai pas la médiocrité bousiller nos enfants. Et quand le lendemain Zina court vers moi pour me montrer sa nouvelle montre, je décide de ne pas être cette prof « exemplaire ». Non, je ne l'ignorerai pas en me concentrant sur les grilles de compétences que je suis censée remplir. Non, je ne l'éviterai pas d'un sourire et d'une approbation sourde. Non, je ne lui répondrai pas qu'elle est trop jeune. Non, je ne rétorquerai pas que ce n'est pas au programme.

Zina m'explique avoir reçu cette montre pour son anniversaire. Un cadeau de ses grands-parents. Elle a 4 ans et compte à peine jusqu'à vingt. Pourtant, elle l'a décidé, elle veut apprendre à lire l'heure. Si j'écoutais la majorité de mes collègues et ma hiérarchie, je lui riposterais que c'est au programme de CE2, et que pour apprendre à lire l'heure, il faut d'abord savoir compter jusqu'à soixante. Et surtout qu'il n'est pas envisageable de se dispenser du matériel adéquat : horloge analogique, horloge digitale, séquence découpée en quatre, décomposée en plusieurs étapes précises. Accepter de l'aider à apprendre à lire l'heure « hors du cadre » peut être perçu comme un crime pédagogique. Mais le vrai crime serait d'étouffer sa détermination – ce que, à mon sens, l'enseignement actuel réalise chaque jour. Je laisse Zina me guider, et c'est elle-même, avec Amir venu nous rejoindre, qui propose de recopier les chiffres « pour bien comprendre ». Bien sûr, c'est une donnée qu'ils ne maîtrisent pas et l'institution crierait ici encore au scandale. En effet, les laisser recopier les chiffres des heures, puis des minutes jusqu'à soixante, nous prendra une bonne partie de l'après-midi. Je serai donc contrainte de laisser mon cahier journal se morfondre sur le bureau pour les accompagner dans ce projet.

Rapidement, certains décident qu'ils écriront les chiffres jusqu'à 12, d'autres jusqu'à 30, certains 60. Leur excitation suscite une forme d'émerveillement mais aussi d'angoisse. Je suis impressionnée par leur envie d'apprendre si belle, l'application qui se lit sur leur visage. Il est évident que si l'inspecteur entrait à cet instant, il ne comprendrait rien à ce qu'il se passe. Il essaierait encore de trouver une cohérence à cette apparente confusion. Où est-ce écrit ? Où est-ce séquencé ? Combien de minutes ?

Je décide de laisser la petite me guider, et bientôt autour d'elle un petit groupe impatient me questionne sur le rôle des aiguilles dans un ordre « anti-académique ». Ce sont eux qui font des propositions pour comprendre, et on peut supposer qu'ils choisissent le cheminement le plus adapté à leur profil. Un élève sort des planchettes en bois Kapla pour faire les aiguilles, tandis que d'autres persévèrent à recopier les chiffres.

Mario, qui a des difficultés en graphisme, veut compter jusqu'à cent. Le plus étonnant est la proposition d'Elio à Ethan, un élève aux comportements répétitifs, s'installant souvent sur le tapis pour tournoyer sur lui-même. Elio lui apprend qu'il « tourne comme les aiguilles d'une montre ». J'ajoute qu'en allant plus doucement, on peut effectivement imiter le mouvement de l'aiguille des secondes. Ethan, surpris et toujours mutique, se prête au jeu avec un sourire. Les particularités d'un enfant, et même ce que l'on appelle des stéréotypies[1] peuvent être valo-

---

1. Les stéréotypies sont une tendance à reproduire les mêmes gestes, d'une manière incompréhensible pour l'entourage, comme des balancements ou du *flapping* (quand les enfants battent des mains). Elles peuvent être aussi vocales (répétition de sons ou de mots).

risées dans le cadre d'une découverte. Elles sont, à mon sens, un des meilleurs moyens de connecter cet enfant au monde qui l'entoure, aux autres et, enfin, de lui permettre un développement digne de ce nom.

Ces expériences particulièrement instructives restent rares, étant donné que le contexte scolaire n'y est guère propice. Pourtant, si tous les hommes se valent, leurs relations à la connaissance se valent également. Il est impossible pour l'enseignant de s'adapter à chaque élève sans le consulter. L'institution, noyée dans la suffisance et l'ignorance, exige des enseignants l'excellence dont elle n'a pas compris la formule. L'excellence, c'est cette petite fille qui m'explique comment elle veut apprendre à lire. L'excellence, c'est cet adolescent qui résoudra une équation en faisant ses propres recherches, en appliquant sa propre méthode. L'excellence, c'est cet élève qui détournera ses difficultés pour parvenir à ses fins. Mais en général, ces élans sont empêchés.

Privés d'initiatives, accoutumés à placer leur sort entre les mains d'autrui, les élèves sont freinés dans leur émancipation. L'école s'obstine et répète les mêmes méthodes à quelques gadgets et grilles de compétences près. Les mêmes codes, les mêmes normes régissent les pratiques, sans résultat.

6.

Personnaliser les stratégies d'apprentissage

Et si toutes les erreurs des élèves n'étaient en réalité que nos erreurs ? Oui, si l'erreur ultime de notre système éducatif était d'imposer des stratégies d'apprentissages uniformes ? En exigeant que les poissons marchent, que les lézards volent, nous contrarions leur nature. Or, les raisonnements de nos enfants ne sont pas de moindre valeur que ceux de l'élève type. On peut réussir sans lire à 6 ans, sans écrire correctement à 9 ans, ou sans jamais passer à l'oral.

La démarche intime d'un élève, qu'elle soit intuitive, zigzagante ou rationnelle, est le cheminement par lequel il peut accéder à son épanouissement le plus total. Que fait l'école actuellement ? Elle impose une méthode pour tous au lieu de mettre en place des méthodes personnalisées. C'est à elle de s'adapter aux profils de nos enfants. Toutes les stratégies, qu'elles soient inattendues ou bizarres, représentent une opportunité pour l'humanité de dépasser ses limites. Si l'enseignant accepte de ne plus être un despote, mais un accompagnateur qui place sa confiance en l'élève, il suscitera plus d'autonomie, et pourra ainsi gérer la diversité des profils de la classe. Nous devons envisager une révolution, un processus d'émancipation par étapes, dans lequel l'enfant va se découvrir, et développer son cheminement, son autonomie.

Un apprentissage individualisé est possible

Si l'uniformisation des pratiques est contre-productive, comment mettre en œuvre des stratégies individuelles d'apprentissage ?

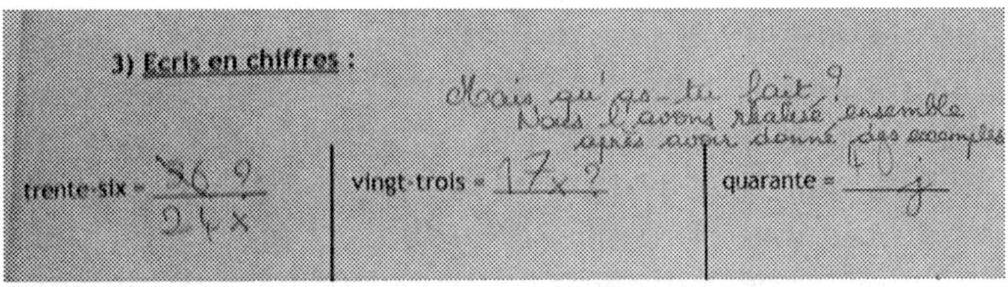

– *En dépassant le malentendu scolaire.* Parce que certains élèves ont un fonctionnement trop éloigné des standards ou ne comprennent pas ce que l'école leur demande, de nombreux malentendus apparaissent. Les comportements jugés *inadaptés* sont perçus comme une provocation. La mauvaise compréhension des consignes, bien plus fréquente qu'on ne le pense, peut anéantir une scolarité. Rares sont les professeurs qui reconnaissent le manque de clarté d'une consigne. La faute, l'erreur, est attribuée à l'élève. C'est l'apogée du malentendu et la naissance de nombreuses situations d'échec. Dans les deux exercices ci-avant, le raisonnement est parfaitement juste.

Ici, l'enseignante ne *comprend* pas pourquoi l'enfant s'est trompé, et l'enfant ne *comprend* pas pourquoi son résultat est faux. Dans le premier cas, il a considéré que le trait d'union entre *trente* et *six* et entre *vingt* et *trois* était le signe « soustraction ». Dans le second cas, il a rangé les nombres du plus petit au plus grand en suivant le sens des véhicules. La compréhension des consignes est un problème majeur pour de nombreux enfants, elle est souvent ignorée par les enseignants qui considèrent que l'élève interprète « comme les autres ». Ne pas comprendre ce que l'on attend de vous, craindre le châtiment de la note est une violence infinie qui éloigne au plus haut point du désir d'apprendre. Former les enseignants et les parents à la neurodiversité permettra de réaliser que les protocoles et les consignes peuvent entraver le développement d'une intelligence.

– *En développant la connaissance de soi.* Ce domaine n'est pas dans les programmes, il prend du temps. Mais il est indispensable que l'enfant parvienne par lui-même, de façon autonome, à identifier ses désirs, ses difficultés, ses forces, pour les mettre à profit lors de ses apprentissages. La connaissance de soi peut se développer dès le plus jeune âge par l'expression libre en aidant l'enfant à transmettre sa perception du monde (par le bricolage, la photographie, la création de saynètes...) et par la place qu'on laisse aux apprentissages spontanés.

– *En articulant le je et le nous.* Proposer des stratégies individuelles va permettre à chacun d'apprendre selon son profil cognitif, selon sa forme d'intelligence, mais aussi de mettre ses compétences au profit de projets collectifs.

Redonner du sens à l'autonomie

Les enseignants sont incités à développer chez leurs élèves une forme d'*autonomie.* Celle-ci désigne l'agir et l'apprendre, selon sa propre (*auto*) loi (*nomos*). Mais que signifie l'autonomie dans la pédagogie dominante ? On peut lire dans les textes académiques que son objectif est de « garantir qu'ils automatisent certaines procédures et tâches ». Je pose ici la question : la finalité de l'école est-elle d'automatiser des process ou d'apprendre à raisonner ?

La relation entre l'Éducation nationale, l'enseignant et l'élève reste pyramidale. Ni les élèves ni les enseignants ne sont concertés dans l'élaboration ou la sélection des méthodes d'apprentissage. Cette autonomie illusoire n'est qu'un moyen de contrôle qui va accroître la stigmatisation des moins « adaptés ». Un élève lent sera hâté. Un rêveur sera restreint. Un élève désorganisé sera stigmatisé. Un élève dyslexique sera contraint de se discipliner pour répondre aux exigences d'une méthode qui ne convient absolument pas à son mode de fonctionnement.

En obligeant l'enfant à se programmer lui-même pour correspondre aux exigences de l'école, l'autonomie devient contre-productive et dangereuse car s'il n'y réussit pas, il perd confiance en lui. La méthode unique, qu'elle se décline en méthodes inductives ou déductives[1], s'adresse à ceux qui parviennent, par accident ou reniement, à se rapprocher suffisamment de la norme pour avancer sans trop de casse. Redonner du sens à ce terme d'autonomie, ce serait proposer des journées de classe au cours desquelles l'enfant n'apprend non pas *tout seul* avec une méthode universelle, mais avec les autres selon *son propre fonctionnement,* son rythme, sa motivation.

Et pourtant, « les mêmes recettes pédagogiques s'appliquent à tous », nous explique sérieusement Stanislas Dehaene[2]. Certains neuroscientifiques et leurs dévots de l'éducation assènent qu'il faut entre six mois et un an pour apprendre à lire, vantent les mérites de la répétition pour la mémorisation, consolidant le règne de la normalité et imposant de nouvelles lois de l'apprentissage : il faut répéter pour apprendre, il ne faut aucune distraction, il faut apprendre par tranche de 20 minutes. Or il suffit d'observer une

---

1. La méthode déductive part d'un concept abstrait pour proposer une application concrète. À l'inverse, la méthode inductive part de l'observation pour en conclure des théories générales.

2. Stanislas Dehaene est un psychologue et un neuroscientifique français.

classe, et même une fratrie, pour savoir que ces données annoncées comme universelles ne sont que des moyennes, des statistiques, et par conséquent des lois pédagogiques fictives. J'ai rencontré beaucoup d'enfants pour qui la répétition était une source de stress et d'ennui plus qu'un soutien.

Ces conclusions hâtives vont dans la continuité du « modèle de l'escalier » de Piaget selon lequel le savoir s'acquiert par étapes, à un stade précis du développement. Cette théorie, si elle a été invalidée par la science, inspire encore malheureusement la majorité de nos pédagogies et de nos méthodes : à chaque palier ses compétences. À chaque compétence, un process. Une autonomie très dirigée, un apprentissage organisé. Il nous rassure, parce qu'il nous permet d'apprendre de façon ordonnée et automatique. Mais il est voué à l'échec, tout comme les élèves qui ignorent leur propre raisonnement. L'alternative que la neurodiversité inspire ne saurait être *une* méthode, mais *des* méthodes.

À chacun sa méthode

Les textes académiques radotent. J'en veux pour exemple la fameuse trouvaille du *jeu* dont se félicitent les bureaucrates. On trouve inscrit dans les programmes des préconisations de ce genre : « L'enseignant donne à tous les enfants un temps suffisant pour déployer leur activité de jeu. Il les observe dans leur jeu libre afin de mieux les connaître. » Rien de nouveau, Platon l'écrivait déjà : « N'use pas de violence dans l'éducation des enfants, mais fais en sorte qu'ils s'instruisent en jouant : tu pourras par là mieux discerner les dispositions naturelles de chacun. » Ces recommandations ne sont ni respectées ni tolérées. Les enseignants se voient reprocher des temps de jeux libres « trop longs » lorsqu'ils excèdent quinze minutes. Ils sont encouragés à « développer l'imaginaire » des enfants, tout en se voyant imposer une pédagogie néfaste à cet imaginaire.

Alors qu'en réalité, pendant ce temps, les enfants font preuve de créativité et nous proposent des stratégies d'apprentissage qui révèlent une ambition tout autre que celle de devenir un programme informatique. Ces stratégies émergent de situations et d'espaces de liberté accordés dans leur travail :

« Je n'arrive pas à prononcer ce mot, tu peux le répéter en articulant ? », « Je confonds les *b* et les *d*, je vais trouver un dessin pour faire la différence », « Je voudrais faire quelque chose pour les enfants du Yémen », « Je veux apprendre le nom des planètes, je vais les écrire sur des oranges », « J'ai pris un livre pour recopier les mots et ne plus faire de fautes ».

À l'acharnement pédagogique, nous pouvons opposer des stratégies réactives où l'enseignant adapte à chaque instant sa position, sa collaboration avec l'enfant, tout comme l'enfant réajuste son environnement et sa manière d'apprendre selon ses besoins et ses compétences.

Prenons le cas d'une division euclidienne, 348/40, soumise à des élèves de CM1. Selon l'enseignement actuel, le professeur proposera une seule technique, voire imposera à certains élèves un niveau de difficulté plus ou moins élevé. Une méthode pour laquelle il faut maîtriser ses tables de multiplication, ce qui ne réussit pas à tous. Il est, en effet, fréquent de rencontrer des élèves qui ne parviennent pas à retenir leurs tables de multiplication, non par manque de travail, mais plutôt faute d'y trouver un sens, un intérêt (comme c'était le cas pour Einstein !). Ces élèves seront inéluctablement en difficulté pour résoudre cette division. D'autres vont livrer un résultat incompréhensible pour un professeur « classique », mais avec la bonne réponse. Ils auront procédé par tâtonnement et seront partis de leur expérience, de leur propre relation au monde pour résoudre cette opération.

Ainsi, si certains la poseront et respecteront la procédure, d'autres préféreront additionner 40 jusqu'à parvenir au bon résultat :

40 + 40 + 40 + 40 + 40 + 40 = 240

40 + 40 + 40 + 40 + 40 + 40 + 40 + 40 = 320

348 / 40 = 8, reste 28

D'autres partiront de la multiplication :

40 × 10 = 400

400 – 40 = 360

400 – 80 = 320

320 = 40 × 8

Donc 348/40 = 40 × 8, reste 28

Certains vont trouver la réponse presque instantanément, mais vont s'ennuyer à reproduire le schéma de cette division avec, à l'esprit, une frustration immense. Incapable de poser l'opération correctement, de distinguer le dividende du diviseur, du quotient, l'élève sera sanctionné malgré ses fortes compétences en calcul.

D'autres encore (c'est souvent le cas des dyscalculiques[1]), qui ne savent pas identifier dizaines et unités rapidement, peuvent toutefois élaborer des techniques pour trouver le résultat, comme coder les dizaines, les unités, et utiliser d'autres stratagèmes. L'application des mathématiques « scolaires » fait appel à un raisonnement logique et rigoureux et sanctionne ceux qui ne s'y retrouvent pas.

Que pouvons-nous proposer alors ? Surtout pas de méthode générale ! Mais une adaptation et une tolérance à l'égard des propositions individuelles. Les élèves n'ont pas besoin de dispositifs plus ou moins difficiles, ils ont besoin de dispositifs différents. Pour dessiner un dragon, un enfant pourra décalquer, suivre des instructions de dessin dirigé, recopier une photographie, ou faire appel à sa mémoire, quelle importance ? L'objectif n'est pas de noter la bonne application ou non d'une méthode, mais de permettre à chacun de parvenir à ses fins : obtenir le résultat en suivant son propre raisonnement. Avant le choix d'une méthode, il y a celui d'un projet, d'une création, d'un apprentissage. La méthode est, alors, construite à partir des compétences et des facilités de l'enfant.

Respecter des stratégies différentes, c'est aussi envisager la possibilité que les élèves trouvent leur place et jouent le rôle qui correspond à leurs envies, à leurs

1. Trouble du développement se manifestant par une altération de la capacité à comprendre et à utiliser les nombres.

forces, à leurs humeurs du moment. C'est aussi une manière de mettre en œuvre la complémentarité des hommes. Le passage à l'oral, par exemple, n'apporte rien s'il est source d'anxiété. Je ne parle pas des jeunes autistes (verbaux et scolarisés, bien sûr), qui sont contraints, au même titre que leurs camarades de faire preuve d'une éloquence impeccable !

Pour ma part, j'ai dû attendre l'université pour qu'un enseignant réalise que je perdais tellement mes moyens à l'oral, que la restitution était sans commune mesure avec mon travail à l'écrit. Il a accepté que je remplace les oraux par des écrits. Les passages à l'oral obligatoires, la sanction d'une écriture illisible, les étapes de raisonnement imposées aux élèves mettent en évidence le peu de cas que la pédagogie en vigueur fait de la diversité des fonctionnements. Seules les stratégies menées par l'élève en accord avec ses motivations permettent un apprentissage durable et efficace. De la même manière, exiger des prérequis, c'est-à-dire des compétences que les enfants doivent nécessairement avoir validées avant d'en acquérir de nouvelles, est une hérésie. En voulant encadrer les connaissances, on en vient à les limiter. De nombreuses stratégies d'apprentissage sont ainsi circonscrites comme par exemple l'intuition.

Libérer l'intuition

L'intuition est une mauvaise élève : on ne peut la contrôler, elle se situe à l'exact contraire de notre enseignement autoritaire. C'est pourtant elle, et non la rigueur pure, qui engendre les meilleurs enseignants, c'est par elle que de nombreux élèves accèdent à la connaissance. L'intuition est surtout l'ennemie des mathématiques « scolaires ».

L'illustre mathématicien, physicien et philosophe français Henri Poincaré se félicitait de la diversité des intelligences et des cheminements mathématiques. Il voyait l'intuition comme le « contrepoison de la logique[1] » et distinguait les analystes des géomètres. Les premiers ont recours à une logique précise et ont besoin de la démonstration pour établir la connaissance. Ils ne laissent rien au hasard et avancent étape par étape. Les seconds ont un fonctionnement totalement différent. Ils ont recours à l'imagination, à l'image, à l'intuition. Il les décrit comme « des hardis cavaliers d'avant-garde ». Quelle que soit la matière traitée, les analystes restent des analystes et les géomètres des géomètres : « Ce n'est pas la matière qu'ils traitent qui leur impose l'une ou l'autre méthode[2]. » Henri Poincaré souligne ces différences de fonctionnement chez ses étudiants et reconnaît la complémentarité de ses profils (« Les deux sortes d'esprit sont également nécessaires aux progrès de la science, les logiciens, comme les intuitifs, ont fait de grandes choses que les autres n'auraient pas pu faire »). Pourquoi ne pourrions-nous pas, un siècle plus tard, tolérer les procédés des « géomètres » et laisser à l'intuition la part qui lui est due ? Sans elle, impossible

1. Henri Poincaré, *La Valeur de la science*, Flammarion, chapitre I, « Intuition et la logique en mathématiques ».
2. *Ibid.*

de faire aimer les mathématiques aux jeunes esprits qui n'y verraient qu'une « vaine logomachie[1] ». Pire, ils ne réussiraient jamais à les appliquer.

Les spécialistes déplorent la chute inquiétante du niveau des mathématiques. Concernant notre chère division, ils ne seraient plus que 37 % à savoir la poser en CM2, contre 74 % il y a trente ans[2]. Mais si les élèves n'arrivent pas à poser une division, c'est parce qu'on leur demande d'agir en « logiciens ». Et lorsqu'on parvient aux résultats par intuition, puis par tâtonnements, on se retrouve en échec ! Si l'intuition est une chance, pourquoi l'étouffer ? En mathématique, notre rapport au monde peut être également différent. Certains vont appuyer leur raisonnement sur le monde qui les entoure, sur leur expérience, d'autres vont raisonner de façon abstraite.

S'il est pertinent de respecter une tradition scientifique, il semble plus que nécessaire que l'élève raisonne par lui-même, en respectant la nature de son esprit. Dans le cas d'une division, par exemple, certains élèves qui ne sont pas « rationnels » ont besoin de la rendre plus concrète, pour d'autres, au contraire, procéder par tâtonnement sera une évidence, d'autres, enfin, auront besoin de la visualiser. Aussi, la division 348/40 admet d'innombrables

---

1. *Ibid.* La logomachie est un discours creux.

2. « Baisse du niveau des élèves en maths : "On a une école qui fait peur", regrette un professeur », France Info, 6 avril 2019 : https://www.francetvinfo.fr/societe/education/baisse-du-niveau-des-eleves-en-maths-on-a-une-ecole-qui-fait-peur-regrette-un-professeur_3268617.html

trajectoires. Mais dès l'instant où l'élève procède autrement que la méthode imposée, et même si son résultat est juste, il sera sanctionné. C'est une insulte à la connaissance.

S'adapter aux besoins de chacun

L'autonomie s'acquiert progressivement selon le rythme propre de chacun. J'ai observé ces disparités bien qu'elles soient masquées par le formatage scolaire. Parmi mes élèves de classes préparatoires, qui sont de jeunes adultes, il existe une forte hétérogénéité en ce qui concerne l'autonomie. Certains ont besoin d'un « vrai » cours, d'explications claires et exhaustives, avant de se confronter à un sujet, d'autres vont préférer se plonger seuls dans le sujet et apprendre par une méthode inductive. C'est pour cette raison qu'en pédagogie, le dogme est dangereux et vain : à chaque fraction de seconde, il est remis en question.

Le professeur ne peut être que dans une posture réactive, afin de s'adapter aux recherches et aux besoins de tous. J'entendais récemment un de nos députés dénoncer les nouvelles « expérimentations pédagogiques » dont la finalité était le développement de l'autonomie. Ce député, dont l'avis est régulièrement pris en compte dans les grandes décisions en matière d'éducation, s'insurgeait que l'on « mette l'enfant au cœur des apprentissages » et discréditait les méthodes visant à accroître l'autonomie de l'enfant en accusant les méthodes inductives : « faire chercher est plus facile », prétendait-il, avant d'ajouter que ces méthodes étaient une « manière de faire moins cours ». Il est dramatique que cette personne, ainsi que ses interlocuteurs soient aussi convaincus qu'une seule méthode, magistrale, permette la transmission des savoirs fondamentaux. Ce discours est glaçant, car il nous injecte cette petite dose de culpabilité qui empêche les enseignants mais aussi les parents de croire en l'apprentissage volontaire et spontané. Ce député, qui a pourtant été enseignant, n'a-t-il pas observé à quel point l'impact de cette méthode était inefficace pour une majorité d'élèves ?

Tenter l'autogestion

L'autogestion semble la meilleure voie pour construire des stratégies d'apprentissage individualisées. Les inégalités sont vouées à disparaître si, en chaque élève, le désir d'apprendre est conservé. Une classe autogérée permet aux élèves de :

– participer à l'élaboration des projets éducatifs ;

– mener des projets qui émanent de ses passions, de ses désirs, de sa curiosité ou de ses interrogations ;

– décider d'une organisation commune de manière démocratique ;

– développer ses compétences et de les valoriser au sein d'un groupe ;

– et surtout, elle propose une éducation fondée sur le volontariat : les élèves apprennent parce qu'ils le désirent.

À l'occasion de la crise du Covid-19, nous nous sommes, à raison, inquiétés pour les décrocheurs pour lesquels le confinement a été, en particulier dans les filières professionnelles, un coup de grâce. Mais il est important de parler aussi du vécu de certains qui ont manifesté plus de sérénité et d'implication qu'à l'accoutumée. Des enseignants ont été surpris d'être sollicités par des élèves habituellement démissionnaires ou éteints. Une organisation plus individualisée a permis à ces élèves de montrer leur enthousiasme et leurs capacités, d'ordinaire étouffées par l'enseignement de masse : « Je me suis sentie libérée d'un poids, apprendre était devenu quelque chose de simple et facile. Je n'avais plus l'angoisse d'être en classe », explique par exemple Luisa, quatorze ans. Attention : il ne s'agit pas de remplacer le lieu de l'école par un enseignement distancié et numérique, mais plutôt de souligner la diversité des besoins et des contextes permettant la réussite. Une école qui garantit le succès de tous ne peut ignorer la pluralité des vécus.

Créée à la sortie de la dictature franquiste, l'école Paideia, à Mérida, a fait le choix de proposer une éducation la plus libre possible, avec un respect mutuel. Les projets sont sélectionnés par les enfants et les adultes. La demande des élèves, excessive parfois, témoigne de l'avidité d'apprendre. Dans un reportage de la revue *8e Étage*, un enseignant de l'école Paideia rapportait que les enfants avaient souhaité mettre en place une trentaine d'ateliers en gymnastique, anglais, théâtre, maths, histoire-géo, sciences naturelles, philosophie, informatique[1]... Mais surtout, la politique de l'école permet de révéler les capacités d'autogestion et la maturité des enfants accueillis. Toutes les décisions sont prises par des assemblées, qu'ils dirigent à tour de rôle.

Cependant, il est évident qu'autogestion ne rime pas avec négligence, le respect doit être instauré de manière réciproque. Aussi la question des dérives est une question épineuse. À l'école Paideia, lorsqu'un enfant ne respecte pas les valeurs du groupe, il redevient un *mandado*, c'est-à-dire une personne « recevant les ordres », et ce jusqu'à ce que l'assemblée, c'est-à-dire tous les membres de l'école, le considère comme suffisamment responsable pour agir librement. Cette responsabilité est consolidée par l'autogestion.

Voilà pourquoi nous devons susciter l'autonomie, apprendre à nos enfants à s'observer, à analyser leurs réactions, à identifier leurs logiques, afin qu'ils tracent leurs chemins vers la connaissance et vers les autres. Ne passons pas à côté du meilleur de nos enfants. Il convient de les inciter à une connaissance plus profonde d'eux-mêmes. C'est la seule possibilité pour qu'ils réussissent leur scolarité et qu'ils accomplissent de grandes choses.

1. Pauline André et Jessica Das, « Ni notes, ni profs : une journée dans la dernière école anarchiste d'Espagne », *8e étage*, 23 janvier 2017 : https://8e-etage.fr/2017/01/23/ni-notes-ni-profs-une-journee-dans-la-derniere-ecole-anarchiste-despagne.

7.

« Je suis un bon à rien ! »

C'est souvent la même histoire. Un enfant rieur, joueur fait ses premiers pas. Il est *parfait*. Bientôt, il quittera le giron de ses parents pour se lancer dans la grande aventure, celle dont ses parents gardent quelques cicatrices, mais qui est le passage obligé de tout enfant vers la *citoyenneté* : la scolarité. Après ce déchirement, Noah se réjouit d'aller à l'école, de retrouver ses amis, même si parfois les journées sont éreintantes, et que les bruits de la cantine, les cris autour de lui sont difficiles à supporter. Il est fier de rapporter son premier collage pour la fête des Mères. Sa maman est comblée quand la maîtresse lui parle de l'imagination débordante de son fils, et de son aisance avec ses camarades. Il entraîne souvent les autres dans des jeux et des projets si étonnants que la maîtresse le classe dans la catégorie des « meneurs ».

Et puis, il y a la grande section. Les apprentissages deviennent plus ardus pour cet enfant si prometteur. Surtout ce vaste alphabet. La maîtresse s'exaspère parce qu'il est le seul qui ne range pas les lettres dans le bon ordre. Mais il faut, sans cesse, répéter les exercices, avec la maîtresse qui soupire, accrocher la date au tableau sans bien comprendre à quoi cela correspond. Vient le CP, première corniche du purgatoire scolaire. Le maître qui trouve son vocabulaire « trop pauvre » mais qui, bienveillant, cherche à l'enrichir, à le stimuler, lui donne des exercices supplémentaires, parce que pour lui, ces difficultés à lire émanent de son milieu familial. Noah voit bien qu'il y a un problème sur la feuille. Ces lettres qui se ressemblent et se confondent, ce n'est sûrement pas normal. Il faut savoir écrire *tata*, *papa*, alors il essaie d'apprendre par cœur, de trouver des astuces pour reconnaître ces lettres, ces *b* avec un ventre de bébé, ces *d* avec un gros derrière. Les autres prennent une longueur d'avance, il devient fébrile.

CE1. Autour de lui, ça va trop vite, Noah s'interroge : « Pourquoi les autres ont-ils déjà terminé ? » Perdu au milieu de ces lettres insaisissables, il se lasse, regarde par la fenêtre, démonte son taille-crayon, puis les roulettes de son cartable. Trop de bruits, trop de saletés sur la table. Déménagement au fond de la classe. La maîtresse convoque les parents. On ne sait que faire de lui. Il va falloir qu'il consulte. Noah écrit à l'envers. Il faut qu'il s'entraîne. Il faut qu'il se mette au travail. Les parents sont excédés. Les devoirs. Il essaie, se décourage. Il refuse. Son cousin lui apprend que les devoirs à la maison sont proscrits depuis 1956. Il refuse encore plus. Les larmes. Les crises de nerfs. L'incompréhension. La peur pour l'avenir. Pas de lecture, pas d'avenir.

Noah finit par aller voir une orthophoniste. Ce sera la dyslexie. Les professeurs n'en ont cure et l'incitent à travailler davantage. Il faut arrêter de trouver des excuses. Avec du travail, il réussira. Il en rencontre tout de même deux, trois qui comprennent, qui acceptent de lui fournir des textes à trous, des polycopiés, d'aménager un peu les leçons, mais ils ne sont pas formés pour. L'orthophonie l'aide peu à peu à gommer cette différence. Mais il reste plus lent, et surtout, la motivation et l'estime de soi se sont effondrées. L'écart qui s'est creusé entre Noah et les autres lui semble infranchissable. Pendant qu'il décode, eux parlent de verbes, de compléments d'objet direct, des abstractions qui lui semblent inaccessibles. Il flotte au-dessus de la classe. Il s'évade, à l'intérieur. L'école est devenue l'enfer. Chaque matin, il a une tornade dans le ventre.

Ce garçon, je l'ai rencontré, à 16 ans, après dix années d'expiation. À l'époque, je suis enseignante de culture générale dans un centre de formation pour apprentis, et lui en classe cuisine, entre des gamins de 15 ans qu'on a mis là parce qu'on ne savait pas quoi en faire et des adultes de 40 à 55 ans qui voient en la cuisine un art, une profession sacrée, et à qui je n'ai pas grand-chose à apprendre.

Noah est toujours assis à droite de la classe, les yeux rivés sur des feuilles éparses, si bien que je vois davantage la spirale de son épi blond que ses yeux. Les cours que je dois lui dispenser, ainsi qu'à ses vingt-cinq camarades, figurent sur des fiches navrantes de simplicité. Ce qui est frustrant, c'est que je suis contrainte de préparer mes élèves à des examens aux attentes précises. Tous mes cours consistent à répéter les mêmes exercices, remplir les mêmes fiches bien en dessous de leurs capacités, et qui s'avèrent si répulsives que personne ne fait l'effort de les traiter correctement. Impossible de me dérober. Remplir les fiches. Correctement.

Je remarque bien qu'il n'entretient pas de passion particulière pour la cuisine. Je vois qu'il erre, assis sur sa chaise jaune. Les précédents « conseils » des filières générales l'ont envoyé là, parce qu'ils ne savaient pas comment « gérer » ses difficultés. Les dommages collatéraux de ces mises à l'écart sont nombreux : des enfants perdus, contraints à intégrer une filière qui ne leur correspond souvent pas et, de surcroît, une filière professionnelle dévalorisée alors qu'elle mérite ce statut d'excellence que se réservent les filières générales, de préférence économiques ou scientifiques.

Les filières professionnelles ont une telle réputation que beaucoup d'élèves qui seraient heureux dans un métier manuel les fuient, tandis que ceux qui ont des résultats « médiocres » les voient comme une menace. Les enfants brillants qui voudront être mécaniciens, on leur dira « ce serait dommage ». Ceux en échec scolaire qui voudront être chirurgiens, on leur dira « ce n'est pas pour toi ». Un grand tri est à l'œuvre selon le degré de normalité. Les élèves, les parents et les enseignants ne le contournent que de façon exceptionnelle. Tout cela étant, bien entendu, pondéré par l'origine sociale, ce qui n'enlève rien au désastre.

Pour ces métiers techniques, de nombreuses qualités, peu valorisées par l'enseignement classique, sont requises. Dans ce centre de formation, je rencontre ainsi des jeunes perdus, rarement agressifs, souvent facétieux, parfois éteints, mêlés à de jeunes adultes talentueux et déterminés, pour lesquels le diplôme n'est qu'une formalité vers le métier qu'ils ont choisi. Pour certains, l'amour-propre a été piqué à vif par cette orientation absurde. C'est cela qui cause la perte de l'enseignement professionnel. Le choix d'une filière professionnelle devrait être dicté par la passion, et non résulter d'une sanction.

Alors que la société perçoit l'obtention d'un poste derrière un bureau comme une consécration, nombreux sont les jeunes qui ont envie d'agir, d'inventer, d'assembler, de remuer la terre pour y faire pousser la vie. Ils sont ici, stigmatisés et pénalisés par le rôle de « caniveau » que l'on attribue à leur filière. Ce qui est beau c'est de voir, au milieu de ce mélange d'élèves étrangers, décrocheurs, insolents ou déterminés, des professeurs exsangues, accablés par leurs trente-cinq heures hebdomadaires de cours, qui trouvent encore l'énergie d'organiser des salons, des prix littéraires, de faire jouer des pièces de théâtre dans leur établissement, ou tout simplement de consacrer un peu de temps à un élève en pleine crise existentielle.

À ce moment précis de ma rencontre avec Noah, je ne parviens pas à lui faire écrire une ligne. Il coche. Il fait des flèches. Il griffonne quelques mots, si mal qu'on ne peut en distinguer l'orthographe. Sans doute est-ce une stratégie pour ne pas mettre au jour son divorce avec la langue de Molière. Ou un refus de livrer quoi que ce soit au corps enseignant, à ces cerbères hargneux qui ont broyé ses rêves. Comment est-il arrivé jusqu'ici, en lisant si lentement, en écrivant si mal ? Quelles armes, quel camouflage a-t-il utilisés pour survivre dans le milieu hostile des salles de classe ? Il est compliqué pour moi de comprendre son périple, tant il se refuse à me regarder dans les yeux et à répondre à mes questions.

Après plusieurs semaines de stratégies, il se décide enfin à me parler. Il me raconte son parcours, ses ambitions rongées par cet insaisissable alphabet. Il n'a pas envie d'écrire parce qu'il n'en peut plus d'être pointé du doigt comme celui qui ne sait pas écrire. Il ne voit pas non plus l'intérêt de lire, puisque jamais plus il ne pourra devenir celui qu'il voulait être. Il a 16 ans et parle de lui à l'*imparfait*. Je l'interromps. J'aimerais savoir. Qui voulait-il devenir ? Quels projets la ségrégation scolaire a-t-elle annulés ? La réponse est assez vague. Il sait qu'il doit se définir pour être inclus « socialement ». Il sait qu'il doit formuler des vœux. Mais il semble surtout tiraillé entre ses aspirations et la peur du ridicule. La honte. Il a profondément honte de ce qu'il est. De toute évidence, ne pas écrire correctement reste une immense frustration. Je lui demande s'il est prêt à tenter une expérience avec un ordinateur. En le disant, je me sens stupide. Bien sûr que cela lui a déjà été proposé. Il a eu un diagnostic de dyslexie et, conformément à la loi, l'équipe éducative a mis en place ce qu'on appelle un « projet d'accueil personnalisé », ou encore un « programme personnalisé de réussite éducative », qui impliquait évidemment le support informatique. Étonnamment, mon idée lui semble révolutionnaire. Il n'a jamais essayé. Il ne s'est servi de son ordinateur que pour jouer à des jeux vidéo. Les seules séances d'informatique qu'il a suivies, il les a passées à essayer de comprendre le fonctionnement des unités centrales autopsiées sur le bureau de l'informaticien, pendant que son binôme tapait sur le clavier. Sur son téléphone, c'est langage SMS, et écriture intuitive. Je suis atterrée d'apprendre que malgré leur exposition permanente aux écrans de téléphone, de télévision, de tablette, d'ordinateur, des jeunes arrivent à l'âge de 16 ans avec une expérience de l'écriture clavier inexistante !

À l'école primaire comme au collège, concilier prise de note et écoute des cours était pour Noah une tâche irréalisable. La salle de classe lui apparaissait alors comme un lieu froid, une cage remplie de petits rats stakhanovistes. Il essayait parfois, vainement, de suivre ce rythme, en imitant ses camarades. Mais il n'en avait plus le courage.

Aucun dispositif ne lui a été proposé au long de cette traversée, ni reformulation des consignes ni ce que l'on appelle le « tiers-temps » pour les contrôles – qui consiste à prolonger le temps imparti pour l'examen. Aucun autre aménagement ou adaptation ne lui ont jamais été suggérés. Il devait être moins fainéant, « compenser » son handicap. L'usage du terme « compensation » est éloquent. Soulignons qu'au XIIIe siècle, une « compensation » signifiait le remboursement d'une dette. L'enfant « anormal » doit donc rembourser la société pour ses « lacunes ». Pour accéder au savoir unique, l'enfant doit combler un manque. Il est donc nécessairement un être « incomplet », ce qui implique une forme d'infériorité.

Il faut le dire et le redire : les différents aménagements disponibles ne sont pas des faveurs mais des droits. Le tiers-temps fait partie des dispositifs que le chef d'établissement est censé communiquer aux élèves l'année même de l'examen. Noah n'en avait jamais entendu parler. Il n'a jamais entendu parler non plus d'ergothérapeute. « Ego quoi ? » Des témoignages comme celui-ci, j'en recueillerai des milliers. Mais la stupeur ne se lasse pas devant l'absurdité.

Concernant l'ordinateur, si je suis, en général, méfiante à l'égard de l'apport du numérique, il me semble évident que des outils tels que le clavier, la prédiction de mots, la correction automatique, ou encore les logiciels de dictée vocale constituent de réelles opportunités pour s'affranchir de ses difficultés et pouvoir se consacrer entièrement au message, au fond, à la pensée. La technique doit être au service de l'intelligence humaine, et non l'inverse. Avoir une « belle écriture » ou une orthographe parfaite est louable. En revanche, le manque de maîtrise de ces deux éléments érige un mur vers les terres inconnues du récit, de la poésie, et de tous les savoirs. C'est inadmissible.

Noah m'explique qu'il aurait aimé savoir écrire pour créer un site d'articles sportifs. Qu'à cela ne tienne, ce sera notre projet ! Il le pense impossible. Il est jeune et croit l'école qui le qualifie de bon à rien. Je lui réponds qu'il est impossible, à son âge, qu'il y ait des impossibles. Ce sera donc un site d'articles sur le foot. Il semblerait qu'il soit assez doué pour analyser les matchs et les stratégies des clubs. J'apprends grâce à lui qu'il existe tout un art de l'exégèse footballistique : analyser la forme, la motivation des joueurs, l'équilibre de la rencontre, le mental, les saisons, les blessures. Saisir l'aspect spectaculaire, sensationnel de la rencontre, les stratégies, les scénarios, les imprévus... Une évidence pour lui, mais pas pour moi, qui n'ai jamais ouvert *L'Équipe*.

Et c'est ainsi que commence notre collaboration. Je l'aide à créer son blog et, sur l'ordinateur de ses parents, il tape ses premiers articles, qu'il m'envoie pour correction. Je remarque assez vite qu'il a un vocabulaire plutôt riche et précis, et surtout, derrière le noir vernis de la dyslexie, une véritable aptitude à manier la plume. Après plusieurs comptes rendus de matchs, biographies de joueurs et pronostics, la confiance en lui se sculpte. Ce regain d'estime de soi était palpable grâce à ses textes qui, malgré les fautes, s'étoffaient au fil des semaines. Incontestablement, cette expérience a révélé sa créativité et ses compétences linguistiques insoupçonnées. J'ai pris conscience, avec effroi, de l'impact des *a priori* que nous portons sur nos élèves.

Une troublante situation pour moi, caractéristique de ce que Robert Rosenthal[1] appelle l'« effet Pygmalion » : les capacités que nous attribuons ou non aux élèves ont des conséquences directes sur leurs résultats. En communiquant à des enseignants des

1. Robert Rosenthal est un psychologue américain, professeur à l'université de Californie. Il rapporte l'expérience de l'effet Pygmalion qu'il a réalisée en classe avec Lenore Jacobson dans *Pygmalion in the Classroom* (Holt, Reinhart and Winston, 1968).

évaluations factices du QI de leurs élèves, le psychologue américain a démontré ce phénomène. Les professeurs ont adapté leur attitude en fonction des QI fictifs, ce qui a influencé la réussite des élèves lors de tests de performance. L'expérience de Rosenthal a mis en évidence les erreurs liées à nos préjugés.

Ma rencontre avec Noah a aussi confirmé mon intuition : il faut valoriser, avant tout, les forces des apprenants.

8.

Valoriser le rôle et les forces de chacun

« L'union fait la force », dit l'adage. Si nos forces nous permettent de réaliser l'impossible, c'est grâce à leur pluralité. En coupant les ailes de ceux qui voient les choses autrement, en soulignant systématiquement leurs faiblesses, en les sanctionnant d'une note ou d'une exclusion, nous les privons d'avenir, nous nous privons d'un monde meilleur. Il est urgent de changer notre regard, de mettre en valeur systématiquement les forces de chacun, même les plus inattendues. Pourquoi nous laisser intimider par des préceptes inhumains, qui voudraient distinguer une élite, et condamner les autres ? Pourquoi laisser l'école creuser des lacunes, quand elle prétend les combler ?

Sortons des jugements de valeur ! Considérons toutes les forces, au-delà du normal et du conventionnel ! Car au-delà, on a vu des trajectoires incroyables. Le 28 mars 1592, à Nivnizt, en Moravie, naquit Jan Amos Komenský, fils de meunier. Orphelin de bonne heure, il fut pris en charge par des tuteurs qui le privèrent de son héritage. Il fut ainsi contraint de travailler pour survivre.

Ce n'est qu'à l'âge de 16 ans qu'il apprit à lire et reprit des études à l'école latine de Prerov. Quelques années plus tard, il rentra dans sa ville natale ayant déjà manifestement le projet de démocratiser la connaissance. Il se lança dans la rédaction d'un manuel de grammaire, qui deviendra le *Grammaticae facilioris praecepta*. À partir de cette période, celui que l'on connaît sous le nom de Comenius n'eut de cesse de proposer de nouvelles méthodes pour un enseignement universel, révolutionnant la pédagogie, ce qui lui valut le surnom de « Galilée de l'éducation ».

Des exemples comme celui-ci ne manquent pas : Michel-Ange, Albert Einstein sont répertoriés comme des personnalités atypiques et a-scolaires. Le père de la célèbre formule $E = MC^2$ commença à parler très tard et refusait d'apprendre par cœur. Lorsqu'un enseignant l'interrogea sur la vitesse du son en plein examen, il répondit simplement : « Je ne sais pas. Pour mon propre compte, je n'encombre pas ma mémoire par des faits que je peux trouver facilement dans une encyclopédie. » Albert Einstein était considéré comme un mauvais élève, rebelle. Lorsqu'il fut renvoyé de son lycée de Munich, ses parents l'inscrivirent dans une école innovante à Aarau, en Suisse, qui pratiquait « l'autoapprentissage par observation ». Cette pédagogie préserva le jeune Einstein des ravages de l'enseignement prédictif qui prédit l'échec, même aux génies. Le refus viscéral d'apprendre par cœur n'est pas une difficulté, mais témoigne au contraire de la fougue d'un esprit qui s'affirme. C'est cet élan qui nous distingue des machines, qui nous fait réaliser de grandes inventions, de grandes œuvres.

Que serait notre histoire sans un Isaac Newton, ou un Mozart, diagnostiqués *a posteriori* autistes ou *divergents* ? Sans Nietzsche, supposé bipolaire, comme Edgar Allan Poe ? Est-il utile de rappeler la dyslexie supposée de Léonard de Vinci ? L'idée de la neurodiversité nous amène à considérer la diversité des intelligences comme une richesse, offrant des forces créatives chez certains, une précision incroyable chez d'autres, ou encore une capacité inouïe à manier des concepts, à élaborer un projet, ou des compétences visio-spaciales exceptionnelles.

Avant d'aller plus loin, il semble essentiel de préciser ce que l'on entend par les « forces » de l'élève. Il ne s'agit pas d'une distribution de bons points. Il ne s'agit pas d'enfermer dans une catégorie : auditif, kinesthésique, littéraire, etc. Il s'agit d'identifier, lorsqu'elles se manifestent, des compétences intellectuelles (dessiner un plan, écrire une saynète), morales (faire preuve d'honnêteté), sociales (réussir à travailler à plusieurs, échanger avec ses camarades) ou des qualités particulières (la gentillesse, la curiosité, l'audace...). L'élève peut les recenser, tout en gardant à l'esprit qu'il ne se limite pas à ces quelques compétences, car celles-ci sont en mouvement permanent.

Il existe aujourd'hui un vaste catalogue de tests, d'outils, de grilles, de « méthodes » censés aider ceux qui sont en situation d'échec dans notre système scolaire. Mais ces gadgets ont-ils un sens si les acteurs de l'éducation n'acceptent pas de basculer du modèle de la ségrégation vers celui de la neurodiversité ? Une mère m'a récemment rapporté que Gary, son fils dyslexique, âgé de 14 ans et probable « haut potentiel », s'était vu proposer un PAP, un projet d'accompagnement personnalisé. « Pourquoi pas » a pensé cette mère de famille. En creusant un peu plus, elle a découvert que l'équipe éducative songeait à faire passer un test de QI à Gary afin de « détecter une probable déficience » et, éventuellement, l'envoyer en classe « inclusive », qui est, en réalité, une classe d'exclusion au sein de laquelle l'Éducation nationale repousse ceux qu'elle ne sait pas et ne veut pas éduquer. Nombreux sont les enfants qui, à l'instar de Gary, sont condamnés par le destin scolaire.

Lutter contre le destin scolaire

Le destin scolaire, c'est ce professeur qui estime que cet élève faisant tant de fautes n'a aucun talent littéraire. Le destin scolaire, c'est cette psychologue, sans doute agacée par l'intérêt que je porte à mes élèves de réseaux prioritaires renforcés (REP +), qui rétorque que non, le petit Dylan – qu'elle n'a pourtant qu'aperçu – ne peut pas être un élève à haut potentiel intellectuel, car « dans ce quartier-là, il n'y a pas de haut potentiel ». C'est cet enfant qui renonce, parce qu'on lui a agrafé l'étiquette « médiocre » sur le front. Le destin scolaire, ce sont ces jugements qu'il faut remettre en question.

Combien de familles se sont entendu dire que leur enfant avait un QI de 70 ou 75 (ce qui les classe dans la catégorie des « déficients »), alors que leur enfant avait seulement des difficultés visuelles, un problème d'hyperactivité ou de dyslexie ? Que deviennent ces élèves auxquels on indique que leur score est faible, et donc qu'ils n'ont pas d'avenir ?

Une annonce d'autant plus absurde que les tests de QI ne sont pas adaptés à tous les profils. Un chercheur m'a rapporté s'être inquiété de voir les résultats de jeunes atteints de paralysie cérébrale être analysés « tels quels », sans prendre en compte leurs particularités. C'est ainsi que des personnes que l'on peut qualifier de brillantes, comme par exemple le philosophe Alexandre Jollien, se sont vu attribuer des QI très bas.

Pire, les QI peuvent être utilisés à des fins racistes ! En 1994, cinquante-deux chercheurs firent paraître dans le *Wall Street Journal* une déclaration dite « des 52 » qui validait la précision des tests de QI. Selon eux, les différences de QI entre les Blancs (qui auraient en moyenne un QI de 100) et les Noirs (dont le quotient serait de 85) ne seraient pas expliquées par le contexte socio-économique ! Dans le même temps, cette déclaration admettait la méconnaissance actuelle des mécanismes liés à l'intelligence. Autant dire que ce fameux test ne révèle pas grand-chose, et certainement pas une « supériorité » innée. Dans la même veine, on a vu circuler récemment sur les réseaux sociaux une « carte mondiale des QI », un planisphère élaboré par le psychologue américain Richard Lynn. Selon son auteur, les causes génétiques des différences de QI entre les nations sont indiscutables. Sauf qu'il ne tient pas compte de leurs différences socioculturelles. Il oublie aussi que les tests ont été élaborés selon des critères précis, qui ne correspondent pas nécessairement aux compétences valorisées dans le pays. Il est temps de prendre de la hauteur : comment mesurer le QI de façon objective ? Comment être certains qu'une langue, qu'une manière de penser ne vont pas fausser les résultats ? Le professeur émérite Jacques Lautrey, du laboratoire « Cognition et développement » à l'université Paris V-Descartes, déclarait dans *Le Monde* au sujet du quotient intellectuel : « Il est trop souvent source de dérives, de malentendus, de rivalités, voire de dégâts dans une école ou une fratrie. » Et surtout, poursuivait le psychologue : « Il entretient une conception de l'intelligence totalement dépassée sur le plan scientifique. Fini l'usage d'un chiffre unique pour traduire une intelligence que l'on sait désormais multidimensionnelle ! Fini les tests survalorisant les aptitudes nécessaires à la réussite d'un cursus scolaire. Tant d'autres qualités, la créativité, l'intelligence sociale, méritent reconnaissance. Osons le vrai débat[1] ! »

Gary, dont nous évoquions les mésaventures quelques lignes plus haut, ne semblait pas dépourvu de compétences. Il a appris plusieurs langues rapidement grâce à ses déménagements et semble tout à fait apte à suivre un enseignement « normal » : vif, passionné, il dispose de toutes les ressources pour apprendre dans un contexte favorable.

Il est intéressant d'observer combien les élèves bilingues sont peu valorisés, et à quel point l'origine de

---

1. Annick Cojean, « QI, la grande illusion », *Le Monde*, 30 avril 2007.

la langue détermine le prestige. Le quidam s'extasie devant cette enfant qui parle couramment suédois ou anglais, tandis que les langues du Sud sont davantage assimilées à un fardeau culturel, voire à un handicap pour la maîtrise du français.

Le changement de culture que nous appelons de nos vœux entend valoriser les forces spécifiques de l'enfant et de l'adolescent afin qu'ils développent l'estime d'eux-mêmes ainsi que leur motivation, préalables à leur volonté d'apprendre. L'enseignant doit intégrer une conception plus globale de la société, de l'interdépendance des individus et de leurs compétences, afin de décliner cette conception du monde dans la salle de classe.

La classe comme un écosystème

Envisager la classe comme un écosystème, c'est prolonger le parallèle entre neurodiversité et biodiversité, et sortir des jugements de valeur. Un écosystème est composé de deux éléments : l'environnement spécifique avec ses caractéristiques physiques propres, *le biotope,* et les êtres vivants en interaction au sein de cet environnement, *la biocénose.* Cet ensemble forme une organisation complexe et entretient une relation d'interdépendance. La disparition d'une des composantes suffit à perturber l'ensemble. Prenons l'exemple d'un écosystème connu, la mangrove, dont 80 % des poissons dépendent directement ou indirectement. L'arbre roi de la mangrove est le palétuvier. Suivant le type de mangrove qu'il habite, cet arbre a évolué, s'est adapté d'un point de vue morphologique et physiologique.

Les forêts amphibies que constituent les palétuviers protègent les littoraux de l'érosion, des polluants mais servent aussi d'abri aux poissons qui y naissent, ce qui a valu aux mangroves le nom de « nurserie ». Les espèces qui peuplent la mangrove sont dépendantes des autres, et pas uniquement d'un point de vue alimentaire. Les crabes, pour ne citer qu'un exemple, sont les ingénieurs de cet écosystème. Par la construction de terriers, ils modifient la structure des sédiments et augmentent les surfaces d'échange.

Travailler avec les forces, c'est valoriser le rôle que chacun peut et souhaite jouer dans la classe. Ce processus, le professeur Thomas Armstrong l'appelle *positive niche construction.* Dans l'écosystème de la classe, les êtres vivants (les élèves) sont interdépendants (complémentaires) et ont chacun leur rôle à jouer par des projets à réaliser. La construction de niche est un processus biologique par lequel l'organisme va adapter son environnement (et non s'adapter à lui) pour survivre.

Par exemple, l'araignée va tisser sa toile, le lapin creuser un terrier ou encore l'oiseau construire son nid, ou comme nous venons de l'évoquer, le palétuvier va développer des racines échasses pour s'adapter à un sol instable ou des racines secondaires verticales pour favoriser les échanges gazeux. En éducation, construire sa niche serait la clé de la survie de l'élève.

Armstrong distingue la *positive niche construction* de la *poor niche construction* (que l'on pourrait traduire par « construction de niche positive » et « construction de niche négative »). Dans le dernier cas, l'élève se contente de se créer un rôle par défaut, celui que les autres ou que ses complexes veulent lui attribuer : « Celui qui ne comprend pas les maths », « Celui qui ne veut pas coopérer », « Celui qui fait l'imbécile en classe », « Celui qui fait la sourde oreille », « Celui qui est paresseux », « Celui qui ne sait pas s'orienter », « Celui qui est toujours dans la lune », rôle qui n'a rien à voir avec ses talents ou ses forces. Si l'on peut se demander quel est le rôle de l'enseignant dans une éducation fondée sur les stratégies individuelles, sur les forces, le rythme et les motivations de chaque enfant, c'est là qu'il se trouve précisément. L'enseignant peut aider son élève à identifier ses points forts, pour compenser ses faiblesses, ou progresser dans d'autres domaines.

Mais notre culture éducative ne repose pas sur ce principe, loin de là. En France, moins d'un élève sur quatre (contre un sur trois, en moyenne dans les pays de l'OCDE) déclare que son professeur lui indique ses points forts[1]. De même, moins de deux élèves sur cinq en France assurent que leur professeur leur signale comment améliorer leurs résultats, contre un élève sur deux en moyenne dans les pays de l'OCDE. En conclusion : les vagues incitations à la bienveillance qui errent dans les programmes ne suffisent pas.

L'enfant, ou l'adolescent, est, en effet, un être en construction, c'est-à-dire que ses capacités, comme

1. Programme international pour le suivi des acquis des élèves, résultats 2018, OCDE.

ses centres d'intérêt ou ses affects sont en constante évolution. Il est indispensable de ne pas réduire son identité à quelques compétences évidentes. L'ignorance de l'évolution constante de l'élève peut être extrêmement préjudiciable à son développement, il ne faut jamais l'oublier.

Valoriser les compétences extrascolaires

D'innombrables forces sont ignorées ou reléguées au rang de faiblesses dans le contexte scolaire. Avec une éducation qui valorise les forces, un changement a lieu du côté de l'enseignant, mais aussi du côté de l'élève et des parents. Les forces peu ou non exploitées en classe devraient être recensées et reconnues par les enfants eux-mêmes et par les adultes qui les accompagnent. Pour n'en citer que quelques-unes :

- la tolérance ;
- la minutie ;
- la persévérance ;
- la capacité à raisonner par analogie[1] ;
- la patience ;
- les compétences musicales ;
- l'endurance ;
- l'adaptabilité ;
- les capacités d'écoute ;
- la créativité.

---

1. Le raisonnement par analogie consiste à associer des idées ou des choses de nature différente.

Certains disposent d'une créativité particulièrement fertile et constituent de véritables « réservoirs à idées » pour la classe. Elle permet de trouver des solutions nouvelles et originales face à un problème, de s'adapter à une situation, d'innover dans n'importe quel domaine d'apprentissage, comme le sport (invention de nages, de chorégraphies), la littérature (écrire une histoire collectivement), l'histoire (créer des correspondances entre le passé et le présent), les sciences (concevoir un parcours fluorescent du corps humain), l'informatique (apprendre à coder)... Les enfants en phase créative mobilisent ce qu'on nomme la pensée divergente, un système peu exploité en classe, qui permet, à partir d'une information, d'élaborer de multiples idées, qu'il s'agisse du domaine du langage, de la science, des arts...

Nous avons évoqué précédemment l'intuition en mathématique. La créativité est aussi, dans cette matière, essentielle. Elle permet de s'intéresser au tâtonnement, aux brouillons qui précèdent nécessairement les démonstrations ambitieuses. Elle ouvre à un autre cheminement pour résoudre un problème. Cette compétence mérite d'être valorisée. Mais la créativité ne se quantifie pas, ne s'évalue pas. Elle ne s'anticipe pas et ne se contrôle pas. Pour cette raison, elle est incompatible avec l'enseignement actuel. Il est malheureusement fréquent de voir des enfants très créatifs s'éteindre et perdre confiance en eux devant l'indifférence que suscitent leurs qualités, tandis qu'on va reprocher à l'un d'être brouillon et désordonné, à l'autre d'oublier ses livres ou de papillonner.

Ce qui est désolant, c'est que ces compétences s'expriment majoritairement dans le cadre familial, comme si elles étaient étouffées pendant le temps de la classe. Livres, maquettes, installations, fresques, codage, recherches : ces enfants révèlent chez eux leurs qualités ignorées durant la quarantaine d'heures passées à l'école. Un jeune dyslexique américain, Benjamin Russo, a récemment prouvé dans une vidéo virale sur les réseaux sociaux, qu'être dyslexique n'est pas un handicap en soi et que cette difficulté apparente peut révéler des talents impressionnants, en assemblant en un temps record sept cent cinquante Rubik's Cubes pour représenter le visage de John Cena, un des catcheurs les plus populaires des États-Unis.

L'attention extrême fixée sur un seul objet peut être handicapante dans la vie de tous les jours : elle détourne l'élève de ses devoirs, du discours de l'enseignant ou d'une tâche à réaliser. Il n'entend plus les voix ni la sonnerie, il est absorbé. Cette particularité peut sembler dramatique. Cependant, comme en témoignent de nombreux écrivains, musiciens ou scientifiques, elle peut être très utile. Nous pourrions l'utiliser à bon escient à l'école, en permettant aux élèves d'approfondir et de persévérer dans une découverte ou un projet.

Prenons le cas de Jimmy, un élève de CM2 d'une classe en zone d'éducation prioritaire, aussi volubile qu'impatient. Pendant toutes les leçons, en particulier celles de science, Jimmy s'agite, veut parler, interrompt par des questions et des remarques souvent pertinentes, mais insupportables pour le professeur qui s'obstine à traverser la leçon en ignorant remous et bouillonnements. Lorsque Jimmy a essayé d'ajouter que c'était grâce à des stromatolites australiens qu'on avait découvert que la vie était sur Terre depuis 3,5 milliards d'années, il a été coupé net. L'enseignant, qui avait effectué des études de « sciences de l'éducation », et qui n'avait certainement pas programmé de parenthèses archéenne dans sa séquence, lui a demandé de se taire. Privilégiant le programme à la valorisation de son élève, il lui a lancé un « ça suffit, on a compris, tu remplis ton tableau et on avance ». Pourtant, la curiosité et la culture générale dont a fait preuve Jimmy sont précisément ce que l'on peut appeler des « forces » qu'il est indispensable de valoriser dans les familles et les écoles, au risque de voir ces enfants s'effriter.

Les adolescents sont souvent perçus comme « torturés » par leur entourage, relégués au rang de choses molles et dépressives. L'enseignant va donc se comporter avec l'adolescent en conséquence, en espérant que ça lui passera, ou qu'il changera de lycée l'année prochaine. Pourtant, cette hypersensibilité, qu'elle soit liée à l'âge ou à la personnalité, constitue une richesse inestimable pour tous. C'est elle qui va faire émerger la création, la philosophie (la vraie philosophie, celle qui questionne le sens de la vie, les évidences). L'enseignant peut ainsi proposer « Tu es en colère ? Tu peux faire quelque chose de ta colère. Écris-la. Peins-la. Explore-la. Revendique-la » ; cet état, *a priori* négatif, peut se révéler une force.

De même, les autistes possèdent chacun des compétences propres, comme les autres. Elles appartiennent à notre patrimoine. La surreprésentation des sciences dures, mécaniques et informatiques chez les parents d'enfants autistes peut être un indice de certains talents spécifiques plus fréquents au sein de cette population[1]. Mais les domaines où se manifestent leurs « pics de compétences » sont infinis. Dans le cadre d'une éducation ou d'une scolarisation, la conception moderne de l'autisme nous incite à soutenir le développement spontané de l'enfant. L'intérêt de s'appuyer sur les forces individuelles m'a été confirmé dans la classe de Perrine Sonneville. Plutôt que d'adopter des méthodes qui préconisent de *guérir* ou de *normaliser*, cette enseignante s'inspire des travaux du psychiatre Laurent Mottron pour proposer à ses élèves d'apprendre en révélant leurs forces.

J'y ai rencontré des enfants dont le comportement (balancement, mutisme, cris) est similaire à celui de leurs camarades qui passent brièvement en classe ordinaire. Mais les enseignants classiques, non formés, happés par la trentaine d'esprits en ébullition, sont désemparés et contraints de les exclure. Les enfants de la classe de Perrine évoluent selon leur organisation propre, et leurs apprentissages s'appuient uniquement sur leurs compétences. C'est ainsi que j'ai vu le petit Imad, 3 ans, quasi mutique, qui confond « bonjour » et « au revoir », écrire son nom et réciter l'alphabet sans difficulté. Si l'enseignante ou les médecins s'étaient arrêtés à ses faibles compétences verbales, cet enfant n'aurait pas pu être scolarisé.

1. Laurent Mottron, *L'Autisme, une autre forme d'intelligence*, Mardaga, 2004.

Une des stratégies de Perrine Sonneville consiste à prendre le temps d'observer les enfants, pendant une période complète, soit 6 semaines environ, et d'identifier leurs forces et leurs intérêts. Ensuite, elle les utilise pour leur faire découvrir d'autres apprentissages. Par exemple, le petit Rilès, arrivé en classe à 2 ans et demi, et qui dès le deuxième jour, a fait preuve de grandes capacités visuo-spatiales et de mémorisation en retrouvant les petites voitures instantanément dans la classe. Puis, il les alignait. Il s'agissait d'un centre d'intérêt « restreint[1] », mais cette activité semblait à l'équipe « cognitivement très riche » : l'enfant peut aligner progressivement d'autres objets, identifier les couleurs, les disposer selon des algorithmes, les compter. Elle continue de m'expliquer : « Ensuite, nous sommes partis des forces que révélait cette activité, pour lui apporter un peu de nouveauté. On a apporté d'autres objets à aligner, d'autres jouets, nombreux et de différentes couleurs, puis on a cherché à lui mettre des "suites" dans les mains, car c'est ce qu'il faisait, des "suites" de voitures selon leur taille et leur couleur. Alors on lui a donné des lettres d'alphabet qu'il était heureux d'aligner, et on s'est rendu compte qu'il connaissait très bien la comptine de l'alphabet… » Petit à petit, l'intérêt de l'enfant s'est porté sur les objets tournants, et d'autres compétences sont apparues tout en respectant son développement singulier.

Cette classe compte une dizaine d'enfants pour plusieurs adultes. L'expérience n'est transposable en

1. Centre d'intérêt peu habituel et très prononcé.

classe ordinaire qu'à condition de diminuer drastiquement les effectifs. Comme nous avons appris à le faire depuis le Covid. De nombreuses propositions inspirées des forces et des appétences des enfants pourraient alors émerger.

Certes, les forces sont parfois dissimulées sous un comportement étrange. Au sein même de l'autisme existent des variantes plus ou moins compatibles avec le contexte scolaire. De la même manière, un enfant maltraité par sa famille ne se heurtera pas aux mêmes obstacles que celui évoluant dans un climat serein. Et plus les élèves sont différents, ou en souffrance, et moins nous voyons leur potentiel. Par conséquent, nous les sous-estimons. Alors si la neurodiversité peut substituer une seule situation d'épanouissement à une situation d'échec ou de handicap, adoptons-la de toute urgence. Ce que j'ai pu observer me permet de l'affirmer : s'appuyer sur les forces de l'élève et l'aider à en prendre conscience est la clé de la réussite de tous les enfants. Le soutien, l'aide matérielle, la rééducation ne sont pas antagonistes avec le respect et la valorisation de compétences spécifiques.

Apprendre des dyslexiques

L'intelligence dyslexique et ses répercussions sur le parcours scolaire sont instructives. Chaque être humain est une somme de « déficiences » et de « compétences ». Or, nous avons tendance à n'observer que les faiblesses des élèves en situation d'échec, alors qu'ils ont aussi de précieuses compétences.

La dyslexie concerne environ 5 à 8 % de la population, et environ trois garçons pour une fille. Comme les autistes, les dyslexiques possèdent une organisation cérébrale spécifique. Si l'origine de la dyslexie fait encore débat, la majorité des spécialistes s'accordent pour la considérer comme un dysfonctionnement, d'où le préfixe grec *dys-* dénotant une « négation ». Décrite pour la première fois en 1881 par l'ophtalmologue Oswald Berkhan, la dyslexie est aujourd'hui répertoriée selon les critères suivants : « Un défaut d'acquisition de lecture entraînant un décalage par rapport aux performances réalisées par la moyenne des individus sur des tests standardisés de lecture, un retentissement significatif de ce défaut sur les apprentissages scolaires et l'usage de la lecture dans la vie quotidienne, et enfin une normalité de l'intelligence et l'absence d'autre maladie susceptible d'interférer avec cet apprentissage[1]. » La plus fréquente est la dyslexie phonologique qui se manifeste par des difficultés à associer les lettres et les sons, à déchiffrer correctement les syllabes et les mots. Après la dyslexie, de nombreux troubles ont été identifiés : dysphasie, dyspraxie, dysorthographie, dyscalculie...

À l'annonce du diagnostic, ou à l'émergence des premiers signes, il n'est pas rare de voir le visage des parents se décomposer, tant cet état est perçu comme un handicap, un trouble, une maladie. Il serait pourtant instructif que les enseignants ne se contentent pas d'énoncer les difficultés que va rencontrer l'en-

1. *Diagnostic and Statistical Manual of Mental Disorders*, 5.

fant dans un contexte donné mais aussi les facultés qu'il possède. Mais ils ne sont pas formés pour ça.

Certains talents sont fréquemment rencontrés chez les profils « dys », soit du fait de leur organisation cérébrale soit parce qu'ils les développent dans le cadre de leurs stratégies d'adaptation. Ces points forts ont été mis en évidence par le docteur Michel Habib comme des attitudes de perception et d'attention spatiales supérieures à celles de non-dyslexiques, qui leur confèrent de plus grandes facilités pour manipuler l'espace. Ils seraient aussi particulièrement doués pour la musique ou la mécanique, ce qui pourrait inspirer des carrières d'ingénieur, de mécanicien ou de chef d'orchestre.

Les enseignants doivent être formés aux difficultés, parfois difficilement surmontables, que rencontrent les dyslexiques pour apprendre à lire. Cette prise de conscience peut être étayée par des témoignages, des mises en situation telles que ces phrases qui nous donnent un aperçu de ce que perçoivent les dyslexiques :

uT siod ervius sel sengisnoc[1]
Le dédé esl bedoul[2]

Mais ils ne peuvent aider les enfants à se développer s'ils ne prennent pas conscience de leurs forces, parmi lesquelles on peut citer cette capacité à voir en trois dimensions, à regarder un objet et à en repérer les différentes perspectives. La dyslexie correspond

1. Tu dois suivre les consignes.
2. Le bébé est debout.

à une perception du monde particulière. Selon de nombreux chercheurs, la vision en trois dimensions constituerait un handicap pour la lecture de l'alphabet « normal », mais pas une « faiblesse » en soi. Einstein expliquait que la pensée verbale n'était pas son mode de pensée naturel. Les éléments de son raisonnement étaient de type visuel, et parfois « musculaires » : il avait besoin de fournir un effort pour transposer sa pensée en langage verbal, avec des « mots conventionnels ». De la même manière, le dyslexique penserait dans sa propre langue et aurait besoin de traduire pour communiquer. Cette hypothèse d'une « autre » manière de percevoir le monde paraît plus logique, le cerveau dyslexique étant davantage une particularité cognitive qu'une anomalie génétique.

Pour valoriser un profil, l'enseignant peut expliquer que la dyslexie est aussi une affaire de contexte. Les recherches ont révélé que plus la correspondance entre les lettres et les sons au sein d'une langue est évidente, moins il y a de difficultés. Par exemple, un dyslexique américain (dont la langue contient 1 120 combinaisons pour écrire 40 sons) aura plus de difficulté qu'un Italien à décoder l'écriture. Parmi les enfants italiens âgés de 10 ans, il y a deux fois moins de diagnostics de dyslexie que chez leurs homologues américains. Ces constats démontrent le caractère relatif d'un « dysfonctionnement » qui ne l'est que dans une culture et dans un langage précis.

Par ailleurs, il est plus que souhaitable que l'école fasse un pas vers l'élève en s'appuyant par exemple sur des codages alternatifs : en créant des alphabets (comme l'a proposé l'orthophoniste Béatrice Sauvageot), des modes de lecture plus adaptés, ou encore des apprentissages multisensoriels (en combinant le son et les mouvements du corps...).

L'enseignant doit aider l'élève dyslexique à identifier ses forces qu'elles soient scolaires ou non, à leur donner un sens, et à les développer. Leurs potentialités sont incroyablement variées. Le trouble de l'apprentissage ne serait, selon Ronald D. Davis, directeur du Davis Dyslexia Correction Center, qu'une seule facette de la dyslexie. Les dyslexiques seraient dotés de huit capacités :

– ils peuvent utiliser l'aptitude de leur cerveau pour transformer ou créer des perceptions ;

– ils sont très conscients de leur environnement ;

– ils se montrent plus curieux que la moyenne des gens ;

– ils pensent essentiellement en images plutôt qu'en mots ;

– ils sont intuitifs et perspicaces ;

– ils perçoivent de manière multidimensionnelle (en utilisant tous leurs sens) ;

– ils sont capables de vivre la pensée comme si c'était la réalité ;

– ils ont une imagination très vive ;

Leurs compétences visuo-spatiales sont de plus en plus recherchées dans de nombreux domaines professionnels (architecture, ingénierie). Ils sont aussi plébiscités dans des activités sportives comme le tennis ou l'escrime. Récemment, le directeur des services secrets du Royaume-Uni a déclaré recruter des personnes dyslexiques et atypiques[1]. En effet, selon Jeremy Fleming, les dyslexiques feraient preuve de précieuses compétences comme la capacité à nouer des relations, à analyser de manière globale, et surtout à travailler en équipe, ce qui, pour une organisation de 10 000 personnes, semble indispensable.

Les parents et les enseignants doivent montrer à l'enfant que sa spécificité implique des faiblesses, mais surtout des forces. Cette approche du monde inspirée de la neurodiversité est une alternative à cet immense gâchis scolaire, économique – mais avant tout humain – que nous observons. Un diagnostic, un profil cognitif, une forme d'intelligence ne sauront jamais restreindre un individu à des défaillances.

Réhabiliter les valeurs sociales

L'incitation à l'empathie se répand sur la toile, où l'on vante les écoles étrangères qui l'enseignent comme une véritable matière. On ne peut que se féliciter de cet engouement, pour peu qu'il dépasse le stade de « tendance ». L'empathie se définit comme une capacité à ressentir une émotion exprimée par autrui, sans pour autant se confondre avec lui. Son absence laisse la place au harcèlement scolaire, à un

1. Vincent Wood, « GCHQ Targeting Dyslexic and Neurodiverse People in Recruitment Drive, Spy Chief Says », 20 octobre 2019, *The Independent*, https://www.independent.co.uk/news/uk/home-news/gchq-jobs-recruitment-intelligence-spy-jeremy-fleming-dyslexia-disability-neurodiversity-a9163996.html

esprit de compétition malsain, à l'individualisme, et à un manque de coopération préjudiciables à l'avenir des enfants. Si l'empathie ne s'« évalue » pas, il semble primordial d'en valoriser ses manifestations à l'échelle individuelle et collective. La sociabilité doit être soulignée et favorisée, quelles que soient les difficultés scolaires.

Si l'enseignement actuel développe l'individualisme en dressant les élèves afin qu'ils adoptent tous la même cadence et la même direction, la complémentarité des intelligences pousse l'enfant ou l'adolescent à assimiler la communication et la coopération comme des vecteurs de l'apprentissage.

Par ailleurs, l'imitation représente une part importante dans le développement. Les neurones miroirs[1] interviennent dans ce processus. L'enfant observe l'adulte et apprend à son contact. Que se passe-t-il lorsqu'il n'a autour de lui que des adultes normaux se conformant au monde qui les entoure ? Il va s'obstiner, en grandissant, à lutter contre ce qu'il est. Il va s'épuiser à camoufler ce qui fait de lui un être singulier, au détriment de son propre développement. À l'adolescence, à l'aube de l'âge adulte et de l'indépendance, il se sent seul et démuni. Sa solitude sera possiblement sociale, il ne parviendra peut-être pas à s'intégrer à un groupe, mais elle sera avant tout émotionnelle : il ne réussira pas à créer une relation intime de proximité, pour la simple et

1. Ces neurones s'activent lorsqu'on observe une personne accomplir une action dans laquelle ses neurones sont généralement impliqués.

bonne raison qu'il n'aura pas créé de relation avec lui-même.

Si l'adolescence est généralement une traversée des fleuves infernaux, sa vie sera pire encore s'il ressent ce désarroi identitaire. Il est essentiel, à l'école et ailleurs, de valoriser les parcours atypiques, chaotiques et brouillons. On ne soupçonne pas la glaçante terreur et la culpabilité que l'élève ressent face à son échec, face à son « anormalité ».

Qu'il s'agisse des enseignants, du personnel scolaire ou d'intervenants extérieurs, les personnalités hors norme sont indispensables à l'école. Parce qu'elles permettent à tous les enfants d'assimiler la différence et la diversité à leur quotidien. Parce qu'elles permettent aux enfants d'entrevoir un avenir. Ces personnalités inspirantes peuvent être des adultes, mais aussi des jeunes qui ont trouvé leur place non pas malgré, mais grâce à leurs différences.

Prenons un exemple connu de tous : Greta Thunberg. Le cynisme et la paranoïa mal placés voudraient qu'on range cette jeune fille dans la catégorie des produits manufacturés et des succès commerciaux. Cette Suédoise est en réalité une activiste écologiste extraordinaire. Celle qui a arrêté les cours pour se consacrer à la grande cause qu'elle défend, le climat, est l'instigatrice des grèves scolaires du vendredi « Fridays for the Future ». Attaquée sur son autisme, Greta Thunberg a prouvé que la neurodiversité était une chance pour l'humanité. Sa sincérité et sa pugnacité auraient-elles été les mêmes si Greta avait eu une vision du monde plus *classique* ? Sa sensibilité, sa conscience aiguë des enjeux de son époque ont poussé la jeune fille à admonester publiquement et sans rougir les membres du Parlement britannique, de l'Assemblée nationale, ou encore de l'ONU. Elle explique elle-même sur les réseaux sociaux qu'à l'école, elle était renfermée, sans amis, et qu'elle souffrait de troubles alimentaires. S'impliquer pour le climat a bouleversé sa vie. Des Greta, nous en avons dans chaque école, des enfants qui se morfondent parce qu'ils voient le monde en grand, parce qu'ils ont envie d'agir, de donner un sens à leur vie. On comprend aisément que les notes et les diplômes leur semblent dérisoires.

Évaluer, c'est dépassé

L'évaluation reste la pierre angulaire de la grande et prestigieuse manufacture d'esprits standardisés. Elle est la génitrice de l'échec scolaire. Non seulement elle permet à l'école de contrôler et d'adapter les savoirs au modèle de société que nous construisons chaque jour, mais elle garantit la prospérité des classements, des castes.

La note n'est jamais objective. Cessons de nier son caractère anxiogène et subjectif ! André Antibi, chercheur en didactique, mettait dès 1988 en garde contre la « constante macabre » qu'il définit ainsi : « J'entends qu'inconsciemment les enseignants s'arrangent toujours, sous la pression de la société, pour mettre un certain pourcentage de mauvaises notes. Ce pourcentage est la constante macabre[1]. » Cette théorie a

1. André Antibi, *La Constante macabre,* Éditions Math'Adore.

été confirmée par 99 % des enseignants interrogés lors d'une enquête. Elle montre à quel point le naufrage scolaire est plus souvent artificiel qu'autre chose.

D'aucuns rétorqueront que la note permet de se situer par rapport au groupe. Mais c'est justement le problème : pourquoi se situer les uns par rapport aux autres, puisque nous avons tous un développement propre ? Je rencontre souvent des enfants qui m'expliquent être deuxième, septième ou vingtième de leur classe. Je suis horrifiée de voir ces jeunes déjà accoutumés à se situer les uns par rapport aux autres, et à s'attribuer une valeur par rapport à autrui.

Se présentant comme une donnée objective, la note interprète les différences comme des inégalités. Or, l'ambition de l'école devrait être l'épanouissement collectif et individuel : se connaître, explorer le monde, définir son rôle au sein de la communauté humaine. L'évaluation fausse la finalité de l'école. L'élève qui veut à tout prix éviter l'échec scolaire, la honte parentale, le mépris enseignant ne va agir qu'en fonction des notes. Soit il va s'évertuer à répondre aux attentes des adultes, soit il va perdre confiance en lui et décrocher.

Dans les deux cas, il ne se soucie guère d'apprendre. L'évaluation le détourne du plaisir de maîtriser le savoir. C'est la nature même de la transmission de l'enseignement qui est mise à mal. L'enfant ne pousse pas les portes de l'école pour *recevoir*, pour grandir, pour évoluer, pour être accompagné, mais il y va pour *donner* son énergie, sa motivation, à des savoirs éphémères et peu attirants. Il est dramatique que l'éducation ne soit pas perçue comme une chance, un service, un accompagnement mais comme un juge absolu. Il est intolérable que ce ne soit pas l'élève à qui l'on donne des enseignements, mais l'élève qui donne à l'école une production évaluée qualitativement et quantitativement.

Cette conception de l'apprentissage comme marchandise, je l'ai vécue enfant, je l'observe comme enseignante et comme mère. Elle est à refonder de toute urgence.

L'évaluation scolaire participe activement à une hiérarchisation illégitime des intelligences. Elle consiste en une sélection arbitraire de « compétences » distinguées parmi des milliers d'autres, d'après des critères qui nous sont inconnus. Qui peut déterminer la légitimité d'un système d'évaluation ? Évaluer les élèves, c'est leur infliger ce fameux destin scolaire. Que l'on utilise des notes, des lettres, des validations de compétences, c'est toujours la même violence. Les individus sont classés selon des critères aléatoires. Prenons l'exemple de deux élèves de maternelle : Alois, qui est capable d'écrire son prénom en écriture cursive, sans modèle, et Illan, capable quant à lui de mémoriser et de restituer le détail de la structure d'un avion de type Airbus A320.

La compétence « mémoriser et restituer le détail de la structure d'un avion de type Airbus A320 » n'existe pas. Elle ne figure pas dans « le référentiel » que l'enseignant est chargé de cocher soigneusement. Conclusion : Alois est un élève plus « intéressant » qu'Illan. Cet exemple peut paraître caricatural, voire grossier, et pourtant il dénonce une réalité. L'enfant est jugé dès son plus jeune âge selon une nomenclature hasardeuse. C'est la proximité de l'élève avec la norme qui est évaluée, non la fulgurance de son esprit, sa curiosité, ou sa persévérance.

L'élève n'est pas une machine. En théorie, il est en classe pour apprendre, c'est donc lui qui attend quelque chose de l'adulte. À quoi servirait l'évaluation si ce n'est classer l'enfant, l'enseignant, le niveau de la classe, et rendre des comptes à l'Éducation nationale ? Ne nous leurrons pas. Les parents aptes à lire un bulletin sont tout autant capables de se rendre compte des capacités de leur enfant à lire, à compter, ou de leur culture générale. Le rôle de l'école, ce que nous en attendons, c'est qu'elle nous enrichisse et qu'elle nous permette de nous épanouir en accord avec notre intelligence propre.

Avec les notations, les verdicts et compétences figés, c'est bien au contraire mésestime et dépréciation que nous offrons à l'individu.

Dès lors que l'enfant est en activité, il apprend. Comme l'intelligence, les connaissances retenues lors de cette activité sont impossibles à quantifier. Les cases, les appréciations vont-elles accélérer, améliorer l'assimilation des savoirs et des savoir-faire ? L'évaluation appartient à la préhistoire scolaire, nous devons la laisser derrière nous. Notre objectif n'est pas tant d'atteindre le niveau requis d'une classe que de soutenir le meilleur développement possible pour chaque individu.

En finir avec l'évaluation négative, c'est aussi éliminer une grande partie du stress qui tyrannise nos enfants. Il n'est plus à démontrer que le stress intense ou chronique est préjudiciable à l'apprentissage. Si le cortisol et l'adrénaline, deux hormones sécrétées dans cette situation, peuvent être stimulantes, elles s'avèrent dangereuses lorsqu'elles sont produites en trop grande quantité : l'élève développera un sentiment de crainte, d'insécurité, sera agressif ou ressentira un besoin de repli. Impossible, dans ces conditions, de s'intéresser, d'apprendre, de mémoriser.

Il faut bien avoir à l'esprit que non seulement le stress intense ou chronique endigue les apprentissages, mais qu'il est néfaste au développement du cerveau et à la mémoire. La désignation du stress comme « cancer de l'éducation » semble parfaitement adéquate… Et parce que les moins scolaires seront les plus stressés, évaluations négatives et humiliations ne peuvent qu'accroître les inégalités.

Voici le constat que Comenius dressait déjà au XVIIe siècle : « Jusqu'à présent les écoles n'ont pas habitué les esprits à tirer leurs forces de leurs propres ressources, mais elles leur ont appris à se parer des plumes d'autrui comme le corbeau de la fable d'Ésope [...]. Elles ont cherché, non pas à découvrir dans les esprits la source cachée de l'intelligence, mais à les arroser d'une eau puisée aux ruisseaux d'autrui[1]. » Selon lui, c'est l'intelligence propre de l'individu qui doit lui permettre de connaître les choses. Il est donc inutile de « farcir les esprits d'un fatras », mais plutôt de « les ouvrir si bien à l'intelligence des choses qu'il en jaillisse, comme des bourgeons d'un arbre, feuilles, fleurs et fruits ».

1. Comenius, *Didactica Magna*, cité par Jacques Prévot, *Comenius. L'utopie éducative*, Belin, 1981.

Si certains élèves expriment le besoin d'évaluer leur progrès, que cela résulte d'un défaut d'assurance ou d'un mode de fonctionnement spécifique, l'évaluation doit être créée individuellement. L'intéressé devra se fixer lui-même des objectifs. Par exemple, un élève qui souhaite apprendre à nouer ses lacets fera un schéma représentant le temps qui lui est nécessaire pour exécuter cette tâche sous forme de graphique, ou alors il se créera un tableau avec les différentes étapes à cocher. Quand ils en ont besoin, les enfants savent parfaitement s'autoévaluer, en notant la longueur d'un saut ou en listant des dates historiques oubliées. Les « cahiers de progrès » parfois mis en place en maternelle se rapprochent de cette exigence, mais sont encore vassalisés par les programmes académiques. Nous pouvons mieux faire.

Dans la mesure où une forme d'évaluation est tolérée en classe, à condition qu'elle soit élaborée avec et pour l'élève, elle est nécessairement positive et a pour utilité de valoriser, de recenser les forces et de les réinvestir dans des projets, individuels et collectifs. L'élève apprend ainsi à se connaître et à prendre conscience des compétences de ses camarades.

Pour valoriser les forces, il faut créer un espace au sein duquel les compétences, les intérêts particuliers et surtout leur complémentarité sont essentiels.

Valoriser c'est considérer

La valorisation des forces est une disposition assez subtile. Si elle se passe volontiers de notation et de récompense, elle consiste à considérer les compétences d'un individu à un instant donné. On peut les constater verbalement, mais c'est surtout, à mon sens, soutenir l'acquisition de ces compétences en proposant des contenus, des rôles, des activités, qui permettent de les consolider et de les mettre en valeur.

Alexandra est une lycéenne dont la manie insupporte ses enseignants : elle lit des documentaires animaliers sous son bureau. Ses professeurs de science, mais aussi de littérature peuvent se saisir de cette obsession, et la mettre en valeur, en lui suggérant des recherches, en lui accordant un rôle de spécialiste en zoologie, en lui proposant de lire les *Fables* de La Fontaine, *La Ferme des animaux* de George Orwell, en initiant des débats autour de l'éthique animale. Toutes les suggestions et les situations qui lui permettront de se réjouir de ses acquis et de comprendre leurs intérêts pour le groupe peuvent transformer sa relation au savoir.

Je pense aussi à cet enfant de 9 ans, capable de reproduire de mémoire un planisphère, et d'y placer toutes les capitales. Ces capacités visuo-spatiales, plutôt que d'être considérées comme une « touche de génie », peuvent être utilisées pour explorer d'autres domaines. Dans un projet d'histoire, par exemple, l'enseignant peut le solliciter afin qu'il recontextualise géographiquement des évènements. La reproduction de l'itinéraire d'un personnage de littérature, au hasard, Michel Strogoff de Jules Verne, est l'opportunité idéale pour créer une passerelle entre les savoirs. Retracer le parcours de Moscou à Irkoutsk, tout en le cherchant dans l'histoire, c'est partir d'un socle, d'une compétence, d'une force, pour se lancer dans l'exploration d'un autre domaine. Plutôt que de le contraindre à entrer dans la lecture d'un ouvrage auquel il ne serait pas réceptif, il s'agit de lui offrir la possibilité de valoriser ses compétences et de créer des liens concrets et durables entre la géographie et la littérature. Ce type d'expérience, *a fortiori* dans le cadre d'un travail en groupe, est extrêmement valorisant, et permet à l'élève de se dessiner une « place » au sein du groupe, et, par extension, dans la société. Ces capacités cartographiques peuvent être sollicitées pour l'activité physique (course d'orientation), les mathématiques (les échelles, les pourcentages, la géométrie), et, avec un peu d'imagination, pour tous les domaines de savoirs. Ce qui importe, c'est que l'enfant parte de ce qu'il *est* pour aller plus loin, et non de ce qu'il *doit être*.

Même des manies peuvent être valorisées. Prenons l'exemple de Mika, 15 ans, qui effectue toujours des bruits incroyables avec sa bouche, sorte de tics, allant du petit claquement de langue au son de la trompette, qui perturbent le cours et instaurent des relations délétères avec ses enseignants. Mais ce tic agaçant peut être valorisé si, en cours de musique, l'enseignant part de ce tic pour aborder le *human beatboxing*, un art qui consiste à faire des sons avec sa bouche.

L'élève se sent alors fort, digne d'intérêt, et ce non pas grâce à l'acquiescement de l'enseignant, mais par un cheminement personnel rendu possible par un contexte ouvert aux diversités des talents.

L'échec scolaire n'existe pas !

Plus je rencontre d'enfants, plus je suis convaincue qu'il n'en existe aucun qui soit dépourvu de don. Aidons les jeunes générations à faire éclore leur ingéniosité, laissons jaillir des trajectoires plus excellentes que conformes.

9.

« Dans sa tête, c'est le vide psychique »

C'est un jugement. Une petite phrase. Un regard. Ou un diagnostic. Il tombe comme un couperet. Chaque jour, parents et élèves entendent la divine sentence : ce sera l'échec, il n'y a plus rien à en tirer, plus à espérer. Et pourtant. L'exemple qui va suivre illustre comment, grâce à leur curiosité et à leur réactivité, des enseignants peuvent lutter contre les jugements les plus glaçants. Même quand il n'y a « rien à faire », il y a toujours quelque chose à faire.

Ils sont là, tous les quatre, alignés devant leur pupitre. Voilà plusieurs semaines que j'attendais de les rencontrer, ces deux classes de l'IEM[1] du Bord de Lys, dans les Hauts-de-France. Je me suis préparée à tout, à être perturbée, déçue, attristée, émue ou scandalisée. Je ne mesure pas encore que cette rencontre va broyer mes certitudes.

Leurs bouches laissent échapper un peu de salive, tandis que leurs yeux explorent le vide. Peut-être n'est-ce pas le vide. Peut-être voient-ils quelque chose.

---

1. Institut d'éducation motrice.

Que pensent-ils ? Quelles sont leurs émotions ? Leurs compétences cognitives ? Au mieux, selon les médecins, celles d'un enfant de 18 mois. Leurs enseignantes, qui s'appellent toutes les deux Céline, prennent le temps de les installer, redressant une tête au besoin, essuyant une commissure des lèvres, caressant la main d'un enfant qui commence à gémir. Jules secoue la tête, son regard rebondit sur les angles de la classe. Chloé a un cri dans les yeux. En la regardant, on pense à ces films qui nous mettent dans la peau d'une personne dans le coma essayant d'en appeler une autre qui quitte la chambre. Ses yeux hurlent « ne m'oubliez pas, je suis là ».

Jules plante son regard dans le mien. Je me sens petite. Muette. Je n'arrive pas à communiquer avec lui. Mais lui n'arrive à communiquer avec personne. S'il savait lire et écrire, ce serait une formidable opportunité de briser ce mur blanc qui sépare nos deux mondes.

Tout à droite, il y a Célestine, la seule qui ne soit pas en fauteuil. Elle se déplace, mais tient assez mal assise. Sa tête semble attirée par la table. Comme ses camarades, elle ne laisse échapper que quelques cris, pas un seul mot. Mais elle acquiesce de la tête, parfois. Son allure est celle d'un bébé qui peine à trouver son équilibre. Elle ne semble pas prêter attention à nous. Et pourtant, ses enseignantes savent que notre présence change tout. Fort heureusement, la plupart des élèves ne seront pas perturbées par cette situation et accepteront de nous laisser entrevoir leurs infinis talents.

Après avoir installé les quatre élèves et nous avoir présentées, Céline L. propose aux enfants un exercice de lecture, ce qu'ils acceptent. Le dialogue est nécessairement plus long qu'à l'oral, puisque chacun va répondre à sa manière, soit par un geste de la tête, soit par un mouvement des yeux ou encore par un subtil mouvement du doigt.

Céline ouvre la séance avec Célestine, et place devant ses yeux un texte d'une page de niveau CM2. Il porte sur les baleines. Après une quinzaine de secondes, Célestine fait savoir qu'elle a lu le texte. Nous sommes d'emblée convaincues, mais aussi étonnées que cette enfant soit capable de lire un tel texte en si peu de temps. L'enseignante lui redemande si elle est certaine d'avoir bien lu et si elle est prête à répondre à quelques questions. Elle acquiesce. Céline C. se lève, lit la première question inscrite au dos du document, pour laquelle trois réponses sont possibles ; la baleine vit-elle : 200 ans ? 100 ans ? ou 20 ans ? Soucieuse de ne pas induire la réponse de son élève, Céline inscrit les trois réponses possibles sur trois ardoises différentes, qu'elle prend soin de mélanger. Célestine désigne, d'un geste de la main accompagné d'un regard, et sans équivoque, l'ardoise « 200 ans ». Céline vérifie, la première réponse est correcte.

Je reste circonspecte. Je me doute que ces enseignantes ne sont pas des escrocs ou des illusionnistes mais le fait que cette enfant, fidèle au stéréotype de l'handicapée mentale, a pu lire et comprendre ce texte bien plus rapidement que moi me laisse perplexe. Bien que je m'efforce, par mes recherches et mon travail, de déconstruire mes représentations, l'hypothèse d'une capacité de lecture aussi rapide me perturbe. À la question suivante, Célestine va apporter, sans aucun doute possible, la réponse correcte. De même pour la troisième. C'est une évidence. Cette enfant au regard apparemment perdu sait lire. Il y a quelque chose. Il y a une mine d'or derrière cette muraille. Les trois autres enfants du groupe vont se soumettre à l'exercice, confirmant les dires de leurs enseignantes.

Un autre groupe, de trois enfants plus âgés, traite ensuite un texte plus ardu accompagné d'une dizaine de questions. Léonie, adorable petite blonde au regard instable, attend son tour en souriant. Son enseignante lui redresse la tête. Son regard nous appelle aux confins de l'absence. Le syndrome de Rett dont elle est atteinte, « c'est le vide psychique ». C'est ce qu'avait annoncé le médecin aux parents, rangeant, sans en avoir conscience, Léonie dans les êtres de néant, qui attendent au coin d'une pièce, flottent sur la vie sans y prendre part. Pourtant, quand son enseignante lui propose de lire et de travailler, son regard s'enflamme. Encore une fois, quelques secondes s'écoulent avant qu'elle fasse comprendre qu'elle a lu et assimilé le texte. Puis viennent les questions, plus longues, plus complexes que pour le premier groupe. Léonie désignera les six premières réponses avec une exactitude troublante, avant que son enseignante, détectant des signes de fatigue, insiste pour qu'elle s'accorde une pause. Léonie écrit en désignant des lettres sur un clavier en papier, conçu pour elle. Personne ne lui a jamais appris à lire. Et pourtant, elle lit et comprend des textes de son âge (11 ans).

J'ai eu plus tard l'immense plaisir de pouvoir communiquer, quelques secondes, grâce à son enseignante, avec une de leurs camarades, Sophia, à qui j'ai demandé comment elle avait appris à lire. Elle m'a répondu que c'était « dans sa tête ». Céline C. a cherché à savoir : « Entends-tu une voix quand tu lis ? » Elle a fait « non ». Cette enfant gardait cette compétence comme un « secret », qu'elle a accepté de dévoiler au décès de l'un de ses camarades l'année dernière : tout le groupe avait été bouleversé par ce départ tragique et les enseignantes avaient alors proposé à ceux qui en avaient la possibilité d'écrire une carte pour leur ami. C'est ainsi que, par désir de dire au revoir à son ami, la petite a demandé à écrire un mot avec l'aide de ses professeurs. Ses capacités en écriture, mais aussi en lecture, ont alors été révélées.

Il y a cet autre enfant qui, à 13 ans, a la capacité de résoudre des problèmes complexes, de calculer mentalement ou d'effectuer des conversions. Lorsque ses enseignantes lui ont demandé comment il avait acquis ses connaissances, il a répondu que ces notions étaient présentes dans son esprit depuis longtemps. Deux secondes lui suffisent pour lire, comprendre et mémoriser une double page de roman.

Comment les enfants du Bord de Lys ont-ils appris à lire ? Est-ce une question de câblage neuronal ? de situation ? de nécessité ? Toujours est-il que si les « Céline » n'avaient pas eu l'audace de proposer, un beau matin, d'aborder l'écriture, elles n'auraient jamais découvert ces talents inespérés de leurs élèves ! Après six années, elles ont pris conscience qu'elles avaient sous-estimé leurs compétences cognitives.

C'est en désobéissant, en faisant abstraction du profil « officiel », qu'elles ont pu ouvrir cette porte vers leur monde, qui permet de communiquer avec eux, mais aussi de leur donner accès à un savoir plus ambitieux et à une vraie connaissance.

Les deux enseignantes, conscientes que cette découverte remettait en question le mode de vie et l'enseignement qui était proposé à ces enfants, ont choisi d'en parler, en premier lieu à leur équipe, en second lieu aux professions médicales, notamment à l'occasion d'un colloque. Le mépris de la plupart de leurs interlocuteurs n'a d'égal que le poids de la suffisance institutionnelle.

Mais les enfants n'acceptent de montrer leurs compétences qu'à certaines personnes. Le scepticisme des autres, professionnels ou non, aura sans doute eu raison de leur confiance.

Par ailleurs, la déficience intellectuelle est comprise dans la définition du polyhandicap. C'est pour cette raison que cette découverte est accueillie avec méfiance. Ce qui est assez stupéfiant, c'est que les définitions, les catégories, semblent se substituer aux faits. La lecture serait le monopole de ceux qui ont accès au langage oral. Parce qu'ils n'ont pas accès au prérequis de la lecture, en particulier à la conscience phonologique, il n'est pas possible, selon les esprits cyniques, que ces enfants soient en mesure de lire et de comprendre une seule ligne.

On voit ici le normocentrisme[1] à l'œuvre. Le vrai lecteur, le légitime, est celui qui est passé par les étapes

1. Tendance à tout analyser par le prisme de la normalité.

de la lecture classique. Ces objections, qui veulent dissuader le réveil des consciences, semblent ignorer l'existence depuis des milliers d'années d'une écriture dont l'encodage et le décodage ne nécessitaient pas de séquences d'apprentissage pédagogiques.

Mais l'Éducation nationale, qui se targue de promouvoir l'« école inclusive » (ouverte à tous les élèves), semble ignorer cette expérience qui pourrait profiter à d'autres enfants. Ces enseignantes perturbent son rôle de spécialiste des étapes d'apprentissages, son contrôle sur le cerveau de nos enfants. Pourtant, les enfants du Bord de Lys incarnent une autre manière d'apprendre à lire, intrigante, déstabilisante. Est-ce une hyperlexie, qui se manifeste par une lecture extrêmement précoce impliquant souvent un décalage entre compréhension et décodage des mots ? Un apprentissage spontané de la lecture ? En tout cas, ces questions contribuent au débat quant au caractère inné de la lecture, ou à la présence de neurones de la lecture dans le cerveau humain. Nous pouvons également supposer que ceux développant une capacité de lecture bien supérieure à la moyenne sont ceux qui en ont le plus besoin. Parmi les enfants du Bord de Lys, en effet, ceux qui manifestaient le plus d'intérêt et de compétences pour la lecture étaient ceux le plus en difficultés motrices, les élèves polyhandicapés et non les élèves plurihandicapés[1].

---

1. Selon le CCAH, « le plurihandicap est l'association d'atteintes motrices et/ou sensorielles de même degré, ce qui ne permet pas de déceler l'une plutôt que l'autre en déficience principale. La surdi-cécité (sourds-aveugles) tient une place

Ces enfants ont-ils développé une mémoire photographique qui implique la mémorisation extrêmement rapide et précise d'une grande quantité d'informations – à l'instar de Kim Peek, ce jeune Américain qui a inspiré le film *Rain Man* ? Né avec une anomalie dans la région qui assure normalement la liaison entre les deux hémisphères cérébraux, Kim Peek avait appris à lire à un an et demi et était doté d'une mémoire impressionnante, voire inimaginable, qui lui permettait de lire un livre en une heure et de le mémoriser. À lui aussi, un avenir sombre avait été prédit, avant que ses parents ne découvrent ses incroyables compétences de lecteur, de musicien (sans apprentissage préalable) et de mathématicien, et que le monde entier le considère comme un « Google vivant ». Kim Peek a, en effet, lu et mémorisé pas moins de douze mille livres et était capable de jouer des symphonies entières…

Mais au lieu de sortir de leur zone de confort et de se confronter à l'inconnu, à une remise en cause de nos représentations, experts et autres radoteurs académiques préfèrent prolonger l'éternel débat entre les méthodes globales, phonétiques, syllabiques… Ils se félicitent d'opposer la phonologie, vieille de quatre siècles, à une méthode globale qui date du siècle des Lumières.

---

particulière dans ce type de handicap. Le polyhandicap est un handicap grave à expressions multiples, dans lequel une déficience mentale sévère et une déficience motrice sont associées à la même cause, entraînant une restriction extrême de l'autonomie ».

Encore une fois, les enfants du Bord de Lys ont des talents inestimables, mais ils ne correspondent pas au « modèle de l'escalier » qui sous-tend notre système éducatif en vigueur. Cela commence à faire du monde.

Que nous apprend cette expérience ? Et en quoi nous concerne-t-elle ? Elle nous enseigne que toute science de l'éducation est nécessairement présomptueuse, ignare et discriminante. Parce qu'il est impossible de saisir de manière exhaustive l'identité et le fonctionnement d'un individu, il est à jamais impossible d'établir une règle universelle d'apprentissage, et j'ai le sentiment que plus nous serons ouverts à la diversité des profils, moins nous parviendrons à identifier des mécanismes communs à tous les élèves, ou même à une catégorie d'élève. Cela signifie-t-il que nous ne pouvons rien pour le développement de nos enfants ? Au contraire, en adoptant une pédagogie réactive, nous serons en mesure de mieux les accompagner vers le savoir, la culture et le déploiement de leurs talents.

Si les Céline de l'IEM du Bord de Lys s'étaient contentées des grilles d'évaluation conçues spécifiquement pour leurs élèves, ces derniers auraient été condamnés à supporter des activités prévues pour des enfants de 18 mois. Combien parmi les quelque 20 000 enfants polyhandicapés français subissent cette torture ?

Ce qui a permis que les élèves du Bord de Lys révèlent leurs compétences inattendues, c'est l'audace, l'humain, l'amour, l'affect et la réactivité. Ces fondamentaux qui remettent en cause la légitimité même du haut clergé de l'administration.

10.

Adopter une pédagogie réactive

Être réactif à l'école signifie adapter les supports, les contenus, les projets en temps réel. Il ne s'agit plus de « croire savoir », mais de savoir croire en l'enfant. Suivre la direction qu'il nous propose. Comprendre qu'il est en évolution permanente et se déplacer soi-même selon ce mouvement. Cueillir les initiatives collectives et individuelles sitôt qu'elles se manifestent, et soutenir la jeunesse dans ses apprentissages, en étant plus curieux d'apprendre avec elle que désireux d'imposer des savoirs. Adopter une pédagogie réactive, c'est s'appuyer sur le mouvement et non sur ses certitudes. C'est mobiliser sans relâche l'intelligence et remettre inlassablement en cause son attitude et ses préjugés.

Ce que les sourds ont à nous apprendre

On pourrait penser que l'exemple des personnes sourdes est extrême, et peu représentatif de l'ensemble des enfants scolarisés. Il n'en est rien. Nous sommes tous concernés, plus ou moins intensément, par la vulnérabilité. Personne n'est suffisamment parfait pour supporter notre système scolaire sans être atteint. Nous devrions tous avoir, au sein de la société, la même place. Pourtant, suivant notre degré de différence ou de vulnérabilité (qui va de la timidité à la tétraplégie), nous ne sommes pas tous logés à la même enseigne. La surdité est une situation qui met l'enseignant face au choix d'adopter, ou non, une pédagogie réactive. Ce choix sera lourd de conséquences. Tirons-en les enseignements qu'il se doit.

Lorsque la mère de Kilian, un enfant malentendant condamné à une scolarité partielle, m'a contactée, je lui ai aussitôt demandé s'il était possible d'utiliser des modes de communication alternatifs, comme les pictogrammes ou le langage des signes afin qu'il puisse suivre un maximum de cours. Malheureusement, l'humanisme de cette mère de famille s'était émoussé au contact de l'école, un inspecteur lui ayant déclaré que son enfant n'y avait pas sa place, une institutrice l'ayant surnommé la « bête hurlante », les profs de langues ou de musique refusant de lui faire classe… Cet enfant avait été privé de kermesses, de photos de Noël…

Pourtant, apprendre la musique quand on est sourd n'est pas impossible. Elle est d'ailleurs plus facilement perceptible que la parole pour les personnes sourdes et malentendantes. La légendaire surdité de Beethoven, devenue totale en 1824 lors de la première représentation publique de sa *Neuvième symphonie*, n'est pas un cas isolé. Evelyn Glennie, l'une des plus grandes percussionnistes au monde, est sourde depuis l'âge de

11 ans. Celle qui dut faire des pieds et des mains pour intégrer la Royal Academy of Music à Londres (son intégration fit, pour l'anecdote, jurisprudence pour les candidats suivants) avait dû apprendre, avec son professeur de percussions, à « entendre » la musique à l'aide de son corps : elle situe les sons graves dans les jambes et les pieds, et les notes aiguës, dans le visage, le cou et la poitrine. Dans ses nombreuses conférences, Evelyn Glennie invite les auditeurs à ressentir le mouvement, le trajet de l'instrument et les vibrations des sons au creux de leur chair. Son talent est unanimement reconnu, d'autant plus qu'elle a collaboré avec d'immenses artistes, comme Sting ou Björk.

Sourd à 80 %, Christian Guyot est devenu professeur de percussions pour les entendants comme les malentendants. Dans une interview au *Parisien*, il raconte qu'un de ses professeurs lui a dit : « Ce n'est pas parce que tu es sourd que tu n'y arrives pas, c'est parce que tu n'écoutes pas[1]. » Ces mots, et surtout la confiance de son professeur, l'ont interpellé, l'incitant à persévérer : c'est ainsi qu'il a été couronné du prix interconservatoire de Paris et qu'il a élaboré sa propre pédagogie, adaptable à chaque profil.

En effet, les sons, en particulier ceux des basses, des percussions, de la batterie se propagent dans le corps qui se transforme, si l'on y prête attention, en une incroyable caisse de résonance. Comme nous l'enseignent ces musiciens, l'intention musicale est

1. Florence Hubin, « Christian, un prof à l'écoute », 23 avril 2015, *Le Parisien.*

présente dans les vibrations qu'ils ont appris à ressentir. En outre, la rythmique propre à l'apprentissage de la musique peut être mise en lien avec celui de la lecture, notamment pour les enfants sourds et malentendants. Elle permet de mieux appréhender la ponctuation et de lire avec harmonie et fluidité.

Deux jours après mes derniers échanges avec la mère de Kilian, j'apprends, par hasard, dans un article du site de CBS News qu'une école entière de Dayton, dans le Maine, a appris la langue des signes pour accueillir une petite fille. Dans cet article, la mère de la petite Morey prédit que savoir que les gens l'acceptent telle qu'elle est la mènera au succès. Les élèves et enseignants semblent métamorphosés par cette initiative.

Al sordo, l'occhio serve di orecchio, « Au sourd, l'œil sert d'oreille », dit un proverbe italien. Avec de l'imagination et de l'ambition, on peut mettre en œuvre des initiatives extraordinaires, qui deviendront, espérons-le, banales dans le futur. Si l'école mettait en avant la curiosité et la spontanéité de l'enseignant, peut-être que le petit Kilian aurait pu participer, d'une manière ou d'une autre, au cours de musique ou de langue de son collège.

Le système de communication Makaton qui allie la langue des signes et des symboles graphiques pour communiquer en cas de difficultés, peut être une source d'inspiration. Ce mode de communication utilisé dans certaines écoles maternelles, mais aussi dans certains établissements alternatifs, ne doit pas être réservé aux enfants porteurs du syndrome de Down (trisomie 21) ou aux autistes. Le recours aux pictogrammes, au langage des signes ou à toute autre alternative de communication permet d'apaiser les échanges, d'exprimer son désaccord sereinement ou d'éviter les malentendus, sources de souffrances à l'école.

Oser être ambitieux

Concernant les enfants du Bord de Lys, c'est non seulement la réactivité, mais aussi l'ambition de leurs professeurs qui les ont propulsés au-delà des clichés. En essayant de comprendre pourquoi ils refusaient certains exercices simples, alors qu'ils parvenaient à réaliser des opérations complexes sans aide et sans les avoir abordées au préalable, les enseignantes ont pris conscience qu'elles devaient être ambitieuses. Leurs élèves ont, en effet, expliqué que les exercices étaient « trop faciles ». Aussi on peut supposer que de nombreux enfants, polyhandicapés ou non, neurotypiques ou atypiques s'éteignent, faute de stimulation.

J'ai effectué, à de nombreuses reprises, ce même constat. Si l'élève connaît déjà ce qu'on lui enseigne, ou s'il sent que la stimulation intellectuelle est faible, il s'ennuie, voire souffre. À l'inverse, si on accepte de lui proposer des savoirs nouveaux et audacieux, il entre en éruption. J'ai eu une classe de grande section avec laquelle nous avons pratiqué trois langues étrangères. Cela s'est fait un peu par hasard. Je leur avais d'abord proposé une initiation à l'italien, ensuite nous avions appris l'anglais et le chinois en même temps. Confortée par les connaissances neuroscientifiques, je suis partie du principe selon lequel l'apprentissage des langues est largement facilité par une familiarisation précoce avec des sonorités étrangères. Je n'ai donc opposé aucune limite à mes élèves.

Au départ, nous devions « découvrir la Chine » de façon succincte. Mais après avoir reproduit quelques sinogrammes, ils ont rapidement voulu apprendre la langue parlée de cette culture fascinante. Les élèves étaient demandeurs, voire avides d'en savoir plus. Ils étaient passionnés par la civilisation chinoise, la muraille de Chine, et la sonorité de la langue. Cet engouement me mit dans une posture inconfortable car, si je maîtrisais suffisamment l'italien et l'anglais pour les aider, je ne parlais absolument pas chinois. Aurais-je dû stopper leur élan pour autant ? Je ne le pense pas. En les entendant, chaque après-midi, communiquer avec des expressions chinoises – des *ni hao* (« bonjour »), des *xie xie* (« merci ») –, il m'était impossible de résister à la tentation.

J'ai donc adopté la posture d'un accompagnant qui découvre la langue avec eux. Et cette manière de procéder était très intéressante, quoique déstabilisante, puisque j'apprenais en même temps qu'eux les rudiments de cette langue complexe. Nous étions ensemble dans l'apprentissage, comparant notre prononciation, notre accent, à des supports audio. Sans prérequis. Sans fiche de séquence. Juste dans la découverte instinctive, soucieuse de *réagir* à leurs demandes. Il y a fort à parier que cette expérience leur sera plus utile que les séances de phonologie prémâchées que je leur dispensais en début d'année. En effet, dans cette classe qui était d'ordinaire bruyante, on n'entendait plus que quelques phonèmes mandarins. L'inattendu avait répandu le calme.

Ne plus craindre l'imprévu

Le Covid-19 nous a confrontés à une donnée ignorée et dérangeante : l'imprévisible. Nos programmes, nos prévisions, nos anticipations ont été tout simplement annulés.

La bête noire de l'enseignement prédictif, c'est l'imprévu. Pourtant, l'enfant et l'adolescent sont des êtres en mouvement. Leurs identités, tout comme celle de l'adulte, évoluent à chaque instant. Notre identité et notre état sont constamment modifiés par d'innombrables facteurs, et l'enseignement n'a aucune prise sur ce phénomène, il n'est qu'un de ces facteurs.

Les guerres de chapelle consistant à attribuer les comportements, les réussites, les échecs à la psychologie, au physiologique, au contexte social ou à l'hérédité n'aboutiront jamais. En 1973, Edward Lorenz donnait une conférence devenue célèbre intitulée « Le battement des ailes d'un papillon au Brésil peut-il provoquer un ouragan au Texas ? » La réponse était oui, mais l'inverse était possible aussi. Lors de simulations météorologiques sur ordinateur, Lorenz avait compris qu'avec un point de départ identique, les évolutions météorologiques n'étaient pas nécessairement identiques. De petites perturbations pouvaient entraîner des modifications parfois considérables par rapport aux prévisions.

La conscience de l'imprévisible est indispensable à celui qui accompagne l'enfant : des différences infimes au départ peuvent entraîner des différences de trajectoires flagrantes. Prenons l'exemple de Léo et Egdar, des jumeaux qui ont, jusqu'à présent, grandi dans des conditions sensiblement équivalentes. Jusqu'à l'âge de 6 ans, ils se sont intéressés aux voitures et aux poneys, ont appris à nager en même temps et ont passé la moitié de leurs vacances chez leur grand-mère. Leurs parents sont issus de la classe moyenne, leur prodiguent une éducation similaire, et ont parfois perdu patience, avec l'un comme avec l'autre. Bien sûr, leurs parents les trouvent différents, mais d'un point de vue médical, sociologique ou psychologique, ils semblent avoir des profils très similaires.

L'année de CP, Léo apprend à lire en quelques semaines, tandis qu'Edgar se montre beaucoup plus lent, et moins investi. Cette simple histoire remet en cause le fatalisme pédagogique : nous ne maîtrisons pas toutes les données qui nous permettraient de prédire la *bonne méthode* à adopter. La possibilité de l'imprévu incite à la prudence et surtout à la réactivité, à la pédagogie de l'instant. Il est d'ailleurs assez étonnant que nous n'ayons pas encore intégré cette donnée à notre culture. Il est vrai que l'irrégularité effraie mais elle peut dissimuler un équilibre.

Dans la mythologie grecque, Kairos, frère de Chronos et plus jeune fils de Zeus, est représenté sous la forme d'un éphèbe aux talons et aux épaules ailés, tenant entre ses mains une balance. Kairos est fugace, l'attraper demande une certaine habileté.

Kairos symbolise – par opposition à Chronos, le temps linéaire – le temps de l'instant opportun, le temps de l'action humaine. Aujourd'hui, notre enseignement repose sur la prédiction incarnée par les planifications et les programmes. Il n'est ainsi guère étonnant que le concept de *kairos* soit ignoré. Il dérange, parce qu'il est imprévisible. Et l'enseignant qui n'a d'autre mission que d'exécuter le programme n'a pas le droit de considérer l'imprévisible. La pédagogie à adopter serait celle d'un enseignant réactif, disponible, prêt à participer à la transformation de toute opportunité en savoir.

Ainsi, plus personne ne pourra prédire la trajectoire de nos enfants. Dépassons la peur, affranchissons-nous des injonctions du passé, adoptons l'instant et l'inattendu. Si nos enfants s'envolent trop loin, ce n'est que pour nous entraîner vers des contrées inconnues.

11.

« Qu'est-ce que je fous là ? »

Regardez cette élève, au fond, là-bas, emmitouflée dans son mal-être. Une adolescente pour qui venir en classe est une torture. À l'œil nu, on ne la remarque pas forcément. Elle part en fous rires avec ses amies, joue les gros bras devant ses professeurs, dessine pendant des heures sur ses cahiers... Elle-même ne sait pas à quel point elle est brisée. Pourtant, les substances qu'elle s'inflige dès 7 h 30 du matin pour mieux supporter l'arrivée au lycée en disent long sur son angoisse. Elle s'anesthésie comme elle peut.

Chaque matin, alors que vous croisez une lycéenne ordinaire, qui pense à ses sorties avec ses copines, à un garçon ou à ses cours de danse, vous ignorez la jeune fille qui hurle en silence. Elle se sent si loin du monde scolaire. Du matin au soir, tout ce qui est dit, exigé, appris, n'est qu'agression et absurdité. Et ça lui fait perdre la raison. Le soir, elle a mal au ventre, elle a des nausées, des insomnies. Le matin, elle fume des joints, parfois, même, elle boit et imagine que son lycée prend feu, qu'une météorite frappe la

Terre, qu'un attentat arrête le temps... Elle imagine jusqu'au pire, pour que cette mascarade cesse.

La phobie scolaire, vous connaissez ? Encore un de ces troubles que l'on impute à la relation mère-enfant. Selon la définition courante, apportée par le neuropsychiatre Julian de Ajuriaguerra, les phobies scolaires se manifesteraient chez des « jeunes qui, pour des raisons irrationnelles, refusent de se rendre à l'école et résistent avec des réactions d'anxiété très vives ou d'angoisse si on les force à y aller ». Une relation trop fusionnelle avec la mère est souvent invoquée. Quoi qu'il en soit, ces « raisons irrationnelles » sont bien souvent attribuées à l'enfant, à ses relations familiales ou avec ses camarades, mais jamais à l'école elle-même ! Pourtant, la phobie scolaire résulte à mon sens de l'angoisse et de la souffrance générées par l'école, de ce sentiment de ne jamais être à sa place.

Depuis toute petite, elle se demande ce qu'elle fait là, ce que l'on attend exactement d'elle. Elle a tenté, quelques années, de « faire comme il faut », mais elle tombait si souvent à côté, elle s'est si souvent attiré les foudres de ses professeurs que sa volonté s'est érodée. Parfois elle était fainéante, parfois elle faisait exprès de ne pas comprendre les consignes.

Alors qu'elle voudrait mourir, la prof de maths tapote sur son cahier en expliquant que, depuis le début de l'année, elle réclame des petits carreaux. En une semaine, ils lui ont réclamé six ou sept fois son carnet de liaison, qu'elle signe elle-même depuis bien longtemps. Ses parents sont impuissants devant ce naufrage. Ils lui ont dit qu'elle n'arriverait à rien, qu'elle était désespérante, désinvolte, insupportable, qu'il fallait qu'elle se mette au travail.

Ici, tout la dégoûte, du CPE qui la harcèle pour qu'elle justifie ses absences jusqu'à certains de ses camarades qui secouent la tête comme pour dire « quel gâchis », ces profs qui débitent des paroles dépourvues de sens, leurs yeux et leurs démarches ternes. Ils vont jusqu'à lui arracher des mains les livres qu'elle lit sous la table. Tout l'écœure, ses retards incessants comme les soupirs des professeurs, cette grille infranchissable et ces mots oubliés.

Une heure plus tard, le prof de SVT est pris d'une crise de nerfs en plein cours. Il s'étouffe de colère devant la mollesse de ses élèves. Lors d'un long pamphlet sur la réussite, il vante la rigueur et l'ordre. L'emphase de son discours n'a d'égal que la torpeur de son auditoire. Alors, il s'énerve. Elle sent que son tour va venir. Il lui arrache son classeur des mains, le met à l'envers. Il pleut des feuilles volantes.

« Voilà ! Voilà, un exemple d'une élève incapable de tenir correctement un classeur. Et vous pensez que ça aura son bac, ça ? Non, non ça n'aura pas son bac. »

Elle endosse le rôle de l'inadaptée, de la désorganisée, de celle qui n'arrivera à rien. Le monde scolaire a été élaboré par et pour les procéduriers. Les rêveurs, les dispersés, les désorganisés, les chiens fous n'ont qu'à se discipliner. Se forcer à entrer dans le rang. Elle ramasse ses feuilles, consternée. Elle a trop peur de lui pour s'énerver, alors elle ricane, comme pour se préserver. Elle ricane parce que tout cela est pathétique.

Vient l'heure de la philosophie. Dès la rentrée, tous les élèves craignent la philosophie. « C'est pour les bourges », se dit-elle. La prof ne lui a jamais trop cherché d'ennuis. Elle sait ce qui se dit de son élève en salle des profs, mais elle s'en fout. Elle donne son cours, distante et bienveillante à la fois. Par hasard, l'élève se retrouve seule, à la fin de l'heure. Elle ose parler. Elle demande un conseil de lecture, sur « le rien ». Après une courte conversation, la professeure lui propose de préparer un exposé sur l'anarchisme. Elle n'impose pas. La jeune fille accepte.

La date n'est même pas définie. Pour la première fois, l'élève se lance dans un travail libre, sans contrainte, aussi bien dans le contenu que dans le temps. Il se passe quelque chose en elle. Elle a envie. Sa volonté s'éveille. Parce qu'elle aime écrire, lire, apprendre, expérimenter, mais cela lui était, jusqu'à présent, interdit. L'apprentissage automatique n'est pas l'apprentissage. Grâce à cet espace de liberté qui lui est concédé pour quelques instants, elle se sent renaître. Aucun compliment, aucun encouragement, mais seulement cette simplicité avec laquelle la professeure s'est adressée à elle, qui signifiait « je n'ai aucun doute sur ton désir d'apprendre et tes capacités ».

Il a suffi de cela, pour que la jeune fille consacre plusieurs soirées et plusieurs après-midi à l'élaboration de son exposé. Découvrant les penseurs libertaires et la philosophie politique, elle se sent moins seule. Elle organise elle-même son temps de travail et ses recherches, sans rendre de compte à personne. C'est ce qu'elle aurait voulu depuis des années. Apprendre par elle-même, parce qu'elle en ressentait le désir. Elle n'avait jamais compris pourquoi l'école, qui devait être un lieu de plaisir, puisqu'apprendre est un plaisir, l'accueillait comme une caserne compte ses nouvelles recrues. Plus elle avançait en âge, moins elle comprenait la nécessité d'évaluer et de quantifier son travail.

Et puis, ces questionnements sur l'injustice, la liberté, l'individu et les masses résonnent… Elle constate que la contrainte de l'individu n'est pas une évidence pour tous : « L'anarchie est la plus haute expression de l'ordre. » Élisée Reclus avait tout compris[1]. Quand l'humain est libre, il s'organise. Il travaille. Il apprend. Et cette harmonie est plus parfaite que la cacahouète du bac. La majorité des élèves semblent obsédés par cet examen. Cela lui semble dérisoire. « Toute éducation rationnelle n'est au fond rien que cette immolation progressive de l'autorité au profit de la liberté, le but final de l'éducation ne devant être que celui de former des hommes libres et pleins de respect et d'amour pour la liberté d'autrui[2]. » Ses exigences de liberté lui apparaissent moins absurdes. La littérature et l'histoire peuvent faire écho à cet instinct qui l'empêche d'accepter sa condition d'élève aliénée.

Elle qui doit avoir une moyenne de 6/20 en histoire-géographie, puisqu'elle n'écoute ni ne note les cours, se lance dans des recherches pointilleuses et se remet

1. Élisée Reclus (1830-1905) était un géographe et théoricien libertaire.

2. Michel Bakounine, *Dieu et l'État,* Mille et une nuits, 2000.

à jour : Révolution française, révolution russe, guerre de 1870… sa curiosité et son besoin d'informations la poussent à absorber plus de connaissances historiques et de cartes géographiques qu'elle ne l'a jamais fait. En somme, elle est passionnée. Elle est ce que l'on appelle en dialecte scolaire *efficace.*

La professeure n'a pas eu grand-chose à faire, elle a juste repéré la sensibilité de la jeune fille, ce qui pourrait la passionner, et lui a suggéré. Elle l'a réconciliée avec la connaissance.

12.

Repassionner l'école

Le savoir n'est pas triste. Le savoir est beau, grand, le plaisir et la curiosité d'apprendre sont innés. Repassionner les apprentissages, c'est croire en une école humaniste. C'est restaurer la relation entre l'adulte et l'enfant. C'est rester convaincu que, par essence, l'enfant aime et a besoin d'apprendre. Prétendre qu'il existe une *libido sciendi*, un désir de connaître, ne relève pas d'une utopie. C'est une réalité sur laquelle il faut nous appuyer pour fonder une école aussi vivante que ses élèves. Le recrutement et la formation de nos enseignants ne peuvent plus être confiés à ces tristes sires qui estiment que les élèves n'aiment pas apprendre et dont on peut supposer qu'ils ont perdu toute appétence pour la découverte et le savoir.

Tout d'abord, il semble pertinent de s'interroger sur ce qu'est la motivation. *L'Encyclopædia Universalis* la définit comme un « processus psychologique responsable du déclenchement, du maintien, de l'entretien ou de la cessation d'une conduite », et comme « la force qui pousse à agir et penser d'une manière ou d'une autre ». L'OCDE, qui se charge tous les trois ans de réaliser la fameuse enquête PISA visant à mesurer les performances des systèmes éducatifs mondiaux, évalue et quantifie la motivation des élèves, selon les critères suivants :

– « Je veux avoir d'excellentes notes dans la plupart ou dans tous mes cours » ;

– « Je veux pouvoir choisir parmi les meilleures opportunités possibles après avoir obtenu mon diplôme » ;

– « Je veux être le/la meilleur(e) dans tout ce que je fais » ;

– « Je me considère comme une personne ambitieuse » ;

– « Je veux être un(e) des meilleur(e)s élèves de ma classe »[1] ;

C'est ainsi que les élèves finlandais ou suisses sont étiquetés « moins motivés » que leurs homologues américains ou thaïlandais. Pourtant, ces indicateurs se rapportent davantage à l'esprit de compétition qu'à l'envie d'apprendre. Cet amalgame est inquiétant, et confirme l'urgence de réhabiliter la passion à l'école.

S'émanciper pour s'accomplir

Une éducation qui culpabilise « celui qui ne sait pas » ne devrait plus exister. Nous disposons de suffisamment de connaissances pour révolutionner

1. OCDE, PISA.

l'enfer de l'échec scolaire et l'enfer que constitue, pour des milliers d'enseignants français, une salle de classe.

L'émancipation tient à l'acquisition progressive de la liberté, par l'expérience et le savoir. Au gré des apprentissages et des expériences, cette liberté s'affirme et doit se respecter. Or, nous avons tendance à envisager l'émancipation de nos enfants comme un changement soudain, identique pour chacun, lors de l'accès à la majorité. Au cours de ses quinze années de scolarité, nous ne cédons à l'élève aucune liberté. Puis, lorsqu'il a atteint l'âge adulte, il est *jeté* dans le monde, et c'est souvent à ce moment-là, et donc de manière tardive, qu'il apprend l'autonomie.

Ce processus individuel a lieu lors de la confrontation avec soi et le groupe. La nécessité de certaines règles relatives au respect d'autrui émerge de manière évidente si l'on se sent soi-même respecté. Si les règles sont définies par les intéressés, de manière spontanée, comme on peut l'observer dans les écoles démocratiques, les enfants et les adultes instaurent leur propre pacte social. C'est ainsi qu'ils apprennent réellement à vivre en société : dans la concertation et non dans la soumission.

De mes expériences en zones d'éducation prioritaire, j'ai pu observer que les élèves dissipés, ceux qui frappent, cassent, se sentent, à juste titre, niés et ignorés. Ce ressentiment marque la rupture avec le savoir. Ils testaient ma patience et mon seuil de tolérance, me contraignant à hausser le ton et à vêtir un visage impitoyable afin qu'ils se calment. Ce phénomène cessait dès lors que je parvenais à instaurer une complicité avec eux. Leur attitude résulte, bien entendu, des effectifs honteux imposés aux élèves, mais aussi et surtout de la culture véhiculée par l'ancien paradigme scolaire. J'ai d'ailleurs déjà entendu plusieurs adultes se féliciter que l'enfant « craigne l'adulte », quand de nombreux penseurs et pédagogues se désolent du naufrage de l'*autorité*.

Pour que l'autorité fasse son retour en France, encore faudrait-il l'accorder avec les jeunes générations du XXIe siècle. L'autorité qui doit œuvrer à l'école, celle qui résonne avec l'expression « faire autorité », est l'autorité légitime, celle du médecin qui me soigne, celle du mécanicien qui répare ma voiture. Or, pour accorder à ces professionnels la confiance, il faut être convaincue de leur légitimité. Il en va de même avec les professeurs. Elle réside dans leur engagement, et dans leur capacité à accompagner chaque enfant dans la bienveillance et la considération de ses particularités. Pour ce faire, un respect profond de la société envers les enseignants, une solide formation et une prise de position éthique sont nécessaires.

Certes, ces jeunes sont souvent rassurés par un cadre, non par un cadre *autoritariste*, qui ne fait qu'alimenter leur colère, mais plutôt un cadre d'attention et une posture *accompagnatrice*. Notre culture et nos effectifs nous astreignent à perpétuer une tradition qui s'essouffle : celle de l'autorité et de la supériorité hiérarchiques. Dans la faille creusée par le doute s'immiscent le mépris et la révolte des élèves.

J'ai observé dans plusieurs pays étrangers une gestion de classe aux antipodes de notre discipline. Je me souviens avoir été choquée par les conversations si spontanées, si libres entre les élèves et leurs professeurs d'un collège allemand : ils échangeaient simplement, plaisantaient, les élèves sortaient leurs affaires à leur rythme et reprenaient leurs travaux sans qu'aucune instruction ne soit nécessaire. Sans bruits parasites, l'ambiance était calme et la parole partagée. D'ailleurs, le cours semblait davantage fondé sur les échanges que sur un monologue de l'enseignant.

Dans ce collège régnait un climat infiniment plus serein et apaisé que dans nos établissements français. J'ai rapidement pris conscience que les enseignants n'avaient pas besoin de s'épuiser avec la discipline, et que j'étais imprégnée d'une quantité d'*a priori* selon lesquels l'enseignement ne peut se passer de la contrainte. Les professeurs n'avaient pas à se faire respecter, ils l'étaient spontanément. J'ai réalisé le même constat dans un lycée en Italie, sans parler des écoles démocratiques, où règne généralement une ambiance familiale et sereine.

Une autre relation aux enfants est possible. Cessons d'ignorer l'évidence de l'expérience. La vieille école cramponnée à ses convictions prépare un savoir inapproprié, aux antipodes des attentes et des rythmes individuels. Et lorsqu'on ne possède plus l'autorité du savoir, la motivation et le respect de notre auditoire, que nous reste-t-il ? Le despotisme, dont le meilleur allié est l'humiliation. C'est pour cela que l'école prétend que l'« autorité » (comprendre *autoritarisme*) est un vecteur incontournable du savoir. Les pédagogies de l'effort et de la frustration n'ont jamais fonctionné sur moi, ni sur mes enfants, ni sur les élèves que j'ai eus en charge ces dernières années.

Rétablir les relations et le respect mutuel

Pire, c'est bien le despotisme qui tue le corps enseignant. Le mardi 28 janvier 2020, au lycée Montesquieu de Bordeaux, on a vu des élèves passer leurs examens dans des conditions carcérales. Enfermés et cadenassés au sein de leur établissement, ils ont été contraints à passer des épreuves écrites du baccalauréat unilatéralement contestées. Plusieurs d'entre eux ont manifesté leur anxiété par des malaises et des vomissements.

Ces lycéens qui, à l'instar de leurs enseignants, ont déploré des conditions indignes, se sont vus menacés d'être notés *zéro* à l'examen, voire d'être exclus de leur établissement. On a vu un élève passer l'examen après avoir reçu du gaz lacrymogène dans les yeux. Parmi ceux qui ont eu le courage de s'opposer physiquement aux déroulements de ces épreuves plus que controversées, certains ont été placés en garde à vue. Et aujourd'hui, nous allons nous étonner que nos collègues se fassent insulter, ou maltraiter : « Mes élèves me crachent dessus et m'insultent », m'expliquait hier encore, blasée, une collègue de lycée professionnel.

Pour avoir été, à l'adolescence, une élève « indisciplinée », je me souviens de ce qui me poussait à ne pas respecter mes enseignants : la colère d'être traitée comme une ignare, une incapable, l'ennui, et surtout, la colère d'être *contrainte*, alors que mon désir de liberté était à son apogée. La relation avec les enseignants se résumait à des dénigrements, des exclusions, des appréciations furibondes, jusqu'à ce qu'une enseignante en vienne à me gifler.

Dans cet abîme scolaire, j'ai rencontré quelques adultes, trois tout au plus, qui m'ont donné ce sentiment d'être considérée, d'être suffisamment capable. Parmi ces trois femmes, il y avait ma professeure de théâtre, Véronique. Elle nous traitait avec respect et nous assénait que nous n'étions pas ses inférieurs, mais des personnes en construction. Nul besoin d'autorité, je ne voyais pas comment il était possible d'être irrespectueux envers elle, puisqu'elle nous respectait. S'il y avait débordement – ce qui est difficilement évitable tant nous étions électrisés par la surcharge de travail et l'épuisement –, elle se contentait de nous mettre face à nos responsabilités et nous décidions de nous-mêmes que ce temps d'explosion était révolu.

Ce serait un bouleversement de grande ampleur que d'étendre ce fonctionnement à toutes les écoles du pays. Pour repassionner l'école, il nous faut d'abord donner du sens aux règles collectives, faire participer les élèves à leur élaboration, afin qu'elles ne soient plus perçues comme une tyrannie, mais une nécessité. Mais aussi respecter l'identité, l'intimité, les modes de communication d'un élève (ne pas le forcer à regarder, à parler), autoriser le développement et les passions de chacun. Mettre tout en œuvre (matériels, interventions, lectures) pour que les projets des élèves puissent aboutir. Il faut aussi veiller à rétablir les relations interindividuelles. À la gestion d'un groupe, préférons la rencontre avec l'élève. Au troupeau, préférerons un réseau d'intelligences. Enfin, les entretiens individuels entre les enseignants et les élèves manquent cruellement. Lorsque j'ai pu les expérimenter, j'ai réalisé qu'ils étaient indispensables pour qu'une rencontre, puis une coopération puissent naître.

Envisager l'éducation comme un droit et non comme un devoir

Si tous s'accordent à considérer l'instruction comme un droit absolu, il n'en demeure pas moins que le mot « école » évoque une obligation avant d'évoquer un droit. À la question : « Selon toi, l'école est-elle avant tout un droit ou un devoir ? », mes élèves et les enfants de mon entourage ont répondu « un devoir ». Je n'ai pas encore rencontré d'enfant qui m'affirmait qu'elle était avant tout un droit.

En effet, dans le droit français, c'est d'abord sous la forme d'obligation que l'instruction est apparue, avec l'ordonnance du 13 décembre 1698 édictée par Louis XIV, qui institue son obligation jusqu'à 14 ans. Il faudra attendre la rédaction du préambule de la

Constitution de 1946, pour que l'instruction apparaisse comme un droit universel, selon ces termes : « La Nation garantit l'égal accès de l'enfant et de l'adulte à l'instruction, à la formation professionnelle et à la culture. » À l'échelle internationale, la Déclaration universelle des droits de l'Homme mentionnait également : « Toute personne a droit à l'éducation. L'éducation doit être gratuite, au moins en ce qui concerne l'enseignement élémentaire et fondamental[1]. »

Envisager l'éducation comme un droit a une incidence puissante sur notre relation à l'école. Classée comme obligation, elle occulte toute motivation d'apprentissage et lui donne des airs de geôle. Si l'enfant perçoit l'école comme une opportunité, une chance, il n'est plus question de faire l'école buissonnière ou de se tordre de douleur le dimanche soir.

Je ne suis ni la première ni la seule à affirmer que l'apprentissage par la coercition est vain, mais nous peinons à sortir de nos vieux schémas. Dans *La République*, le disciple de Socrate affirmait déjà : « Parce que l'homme libre ne doit rien apprendre en esclave ; en effet, que les exercices corporels soient pratiqués par contrainte, le corps ne s'en trouve pas plus mal, mais les leçons qu'on fait entrer de force dans l'âme n'y demeurent point[2]. »

Dans son ouvrage *Libres enfants de Summerhill*, Alexander Sutherland Neill, créateur d'une école

1. Déclaration universelle des droits de l'Homme, article 26, 1948.

2. Platon, *La République*.

libertaire dans les années 1920, aborde les différents stades que traversaient les élèves confrontés à la liberté soudaine, inattendue. Le pédagogue écossais a dans un premier temps constaté une insupportable hypocrisie dans leur comportement avec une forme de crainte dans leur regard. Mais après ce qu'il appelait une « phase de convalescence », ils devenaient des enfants sains « qui disent ce qu'ils pensent sans rougir ni haïr », et surtout, sincères.

Au lieu de « jouer à être élève », de contenir leur identité, les élèves deviennent eux-mêmes. Cet idéal qui nous semble inatteignable est une condition essentielle du développement. Les expériences de classes *non obligatoires,* mais aussi les cultures où l'enseignement est moins soumis à l'autoritarisme sont un exemple éloquent : les élèves viennent étudier, et avec le sourire ! Les disciples qui couraient après Socrate dans les rues d'Athènes, mais aussi les élèves de Summerhill, ceux de la Finlande, où les enfants sont considérablement plus motivés qu'au sein de l'Hexagone, incarnent cette réalité.

Plus méconnue, l'école d'Iasnaïa Poliana – créée au milieu du XIXe siècle par Léon Tolstoï, soucieux de contribuer à l'égalité sociale – a permis à son instigateur de confirmer ces intuitions. Installée dans une annexe de sa propriété, la maison Kouzminski, cette école était libre, non obligatoire, fondée afin que les paysans accèdent à l'éducation. Si la classe avait lieu de 8 à 12 heures et de 15 à 18 heures, les enfants arrivaient souvent plus tôt et rentraient plus tard à leur domicile. Jamais punis, jamais notés ou récompensés, ils choisissaient les contenus d'enseignement sans aucune contrainte physique et morale. Cette liberté et cette autonomie par rapport au savoir eurent l'effet escompté : de vingt-deux élèves présents le premier jour de classe, l'effectif passa en quelques mois à soixante-dix !

Rétablir la joie

« Cette classe s'est formée d'elle-même ; chaque élève qui apprend à former les lettres est bientôt pris de la passion d'écrire, et, les premiers temps, les portes, les murs de l'école et des isbas des élèves, étaient couvertes de caractères et de mots[1] », rapporte Tolstoï dans ses écrits pédagogiques. La passion d'écrire. Autrement plus encourageant que les pages déchirées pour un *f* mal fait.

Je ne sais pas si j'aurais osé asséner ceci avec une telle certitude si je n'étais pas, moi-même, mère de famille, tant l'observation du développement de mes enfants avant l'âge scolaire et hors du temps scolaire donne une idée bien plus complète de leur relation au savoir. Non seulement les enfants sont faits pour apprendre, mais ils aiment profondément ça. Ce petit de 12 mois qui vous arrache la cuillère des mains pour manger seul sa purée, celui de 3 ans qui vous demande le son des lettres et des syllabes, cette petite fille qui recopie des chansons pour en écrire elle-même… ou celui de 10 ans qui vous explique le

1. Léon Tolstoï et France Roy, *Textes pédagogiques*, Fabert, 2017.

boson de Higgs *aiment* apprendre. Ils ne rechignent pas à essayer, à se tromper, à recommencer, à effectuer des recherches pour mieux comprendre.

Apprendre est indubitablement un plaisir, une joie. Le pédagogue Célestin Freinet expliquait la joie par l'augmentation de la puissance de l'individu : « L'être humain est, dans tous les domaines, animé par un principe de vie qui le pousse à monter sans cesse, à croître, à se perfectionner, à se saisir des mécanismes et des outils afin d'acquérir un maximum de puissance sur le milieu qui l'entoure[1]. » En nous appuyant sur ce que les enfants aiment, ou sur leurs projets, nous les aidons à grandir selon leur développement propre.

Et pourtant ! Les enseignants sont formés comme si les élèves étaient dépourvus de tout désir d'apprendre et de toute pulsion vers le savoir. Pour devenir autonome, l'enfant éprouve un besoin vital de connaître et de maîtriser son environnement. Cette découverte par lui-même procure une joie, une satisfaction incroyable, le travail et l'effort ne sont plus perçus comme des contraintes. Il me semble inconcevable que des enseignants, et surtout des parents, puissent ignorer l'existence de cet élan vers la connaissance.

Le jour où l'un de mes tuteurs a nié l'existence de cette joie, j'ai ressenti le besoin ardent de quitter l'Éducation nationale. On avait en effet jugé utile de m'expliquer que j'« individualisais trop », que j'étais trop « bienveillante », et qu'il fallait avant tout « gérer

1. Célestin Freinet, *La Méthode naturelle*, t. I, *L'Apprentissage de la langue*, Marabout, 1975.

le groupe ». En d'autres termes : il fallait « canaliser le cheptel » pour avoir la paix. Après m'avoir certifié que les enfants « n'aimaient pas apprendre, et certainement pas avant 10 ans », mon tuteur m'expliqua que la seule façon de leur transmettre un savoir était « par la récompense ». Ce raisonnement inquiétant témoigne du travail qu'il nous reste à faire pour réhabiliter l'apprentissage volontaire. Nous sommes « une école où le maître fait ses leçons du haut de la chaire, donne des devoirs, corrige, surveille, interroge – sans qu'on souffle –, note, punit et récompense. Telle est la fonction qu'on a dévolue depuis toujours au maître d'école, et dont la tradition nous a marqués d'une tare inhumaine, dangereusement inscrite dans les réflexes presque naturels de quiconque prétend à régenter les enfants », déplorait Célestin Freinet[1].

De nombreux chercheurs ont insisté, depuis les années 1970, sur la nocivité de la stratégie de la récompense : elle annulerait ou diminuerait le plaisir de travailler et d'apprendre, augmenterait le niveau de stress tout en ayant un impact négatif sur la confiance en soi.

En 1971, le professeur de psychologie Edward L. Deci élabora la distinction entre la motivation *intrinsèque* et la motivation *extrinsèque*. La motivation extrinsèque est favorisée par des facteurs extérieurs, comme une demande externe ou une pression sociale, une punition. Partant de ce constat, il mit au point, avec Richard Ryan, la théorie de l'autodé-

1. *Id.*, *Les Dits de Mathieu*, dans *Œuvres pédagogiques*, t. II, Seuil, 1994.

termination. La motivation autonome, à l'origine de comportements libres et autodéterminés, est atténuée par les menaces, les punitions, la surveillance, l'évaluation et la récompense. En revanche, elle est renforcée lorsque l'individu est en capacité de choisir. En l'absence d'autodétermination, on parle d'*amotivation*, de passivité.

J'ai constaté cela auprès de tous les enfants : les savoirs issus de leurs centres d'intérêt suscitent plus d'engouement, plus longtemps, ce qui permettra de construire un vrai projet.

Le récit sur l'exposé de philosophie, évoqué au chapitre précédent, montre à quel point plutôt que de contraindre l'apprentissage de citations kantiennes sans que le terreau soit fertile, il est préférable de cibler des connaissances qui permettront à l'élève de déployer son désir d'apprendre, ou d'y reprendre goût. En 1975, dans un entretien avec Jacques Chancel, le philosophe Michel Foucault s'interrogeait sur l'acharnement de la société : « Pourquoi est-ce que notre société a tellement d'intérêt à montrer que le savoir est triste ? Peut-être précisément à cause du nombre de gens qui sont exclus de ce savoir. » L'existence de l'apprentissage volontaire est intimement liée à l'idée d'un savoir désiré, d'une autodétermination qu'il faut accompagner et non brider.

Plus de passion, moins de programmes !

Cela fait dix ans qu'elle enseigne les lettres en lycée. Pour m'être longuement entretenue avec Anne, je suis convaincue qu'elle est une professeure dévouée, passionnée, qui fait au mieux pour connaître ses élèves. Nous parlons projets artistiques, création littéraire. En entrant dans sa classe, je m'attends à assister à un cours participatif, vivant, original. Il n'en est rien. À peine arrivée, elle prévient ses élèves gentiment, mais fermement : pas un mot. Puis, les soumet à un quizz extrêmement succinct sur les *Fables* de La Fontaine et traite à la vitesse de la lumière plusieurs questions en lien avec *Le Loup et l'Agneau.* Ils participent, mais c'est très rapide, efficace : « Critique de la société. Rapport de domination. » Etc.

Pendant le cours, je consulte la progression de l'enseignante. Et je comprends qu'en réalité, cette professeure n'a d'autre choix que d'abattre le programme en vue de l'examen de fin d'année. Les enseignements sont toujours structurés en fonction des examens. J'en viens à la conclusion que les programmes, plutôt que de constituer un « socle minimum », réduisent considérablement les interactions entre les enseignants, les élèves et la connaissance. À la fin du cours, je m'entretiens avec elle. Tout son enthousiasme est étouffé par la densité et la rigidité des programmes. Et les dernières réformes, en particulier celle du baccalauréat, n'ont fait qu'empirer ce phénomène.

Les programmes sont avant tout un outil de contrôle de l'Éducation nationale sur l'enseignant et l'élève. Comme ils dictent les attendus précis de fin de cycle et des examens, ni les élèves ni les professeurs n'ont le temps de se connaître et de faire un détour vers des connaissances qui pourraient les intéresser.

Si ceux-ci ont un sursaut de lucidité, ils sont vite rattrapés par le « socle », les « référentiels », et surtout sanctionnés par les évaluations et les examens tels que le baccalauréat. La présence de savoirs de base, l'idée d'un programme par catégorie d'âge existe depuis plusieurs siècles. Le fameux lire, écrire, compter ne date pas, comme il est fréquent de l'entendre, de Jules Ferry. Au Moyen Âge déjà lire, écrire, compter et chanter constituaient les bases enseignées dans un ordre et une temporalité réguliers. L'éclairage précieux de Danièle Alexandre-Bidon, archéologue, docteur en histoire et civilisation médiévales, m'a permis de prendre conscience que nos pratiques et notre conception de l'éducation innovent peu. À l'époque, l'alphabet pouvait être enseigné dès 3 ans, et ce en une semaine. Puis, une fois l'alphabet maîtrisé grâce à toutes sortes de supports ludiques et alimentaires (on faisait manger des gâteaux et des fruits en forme de lettres aux enfants), venait l'apprentissage de la lecture, qui durait environ quatre mois.

C'est ensuite que l'enfant apprenait à écrire, d'abord sur des tablettes de bois ou de métal recouvertes de cire, ensuite à la plume, en recopiant des textes bibliques et des proverbes. Entre deux à quatre mois, les enfants parvenaient à compter, grâce à des outils ludiques et à la méthode du comput digital[1].

Pour chaque apprentissage (la lecture, l'écriture, le calcul), il existait une école différente. Et ensuite, les enfants destinés à la prêtrise commençaient le

1. Méthode mnémotechnique permettant de compter à l'aide des doigts de la main.

latin. Puis venaient les « arts libéraux » (les fameux *trivium* et *quadrivium*, hérités de l'Antiquité), les arts « mécaniques », et les sciences. Il y avait alors différents degrés, jusqu'au doctorat. Cette organisation et cette répartition des savoirs répondaient, bien entendu, aux exigences de la société. Cette notion de « programme » n'est donc pas nouvelle et s'inscrit dans la logique de l'enseignement standardisé, qui deviendra plus tard l'enseignement de masse.

Si Condorcet appelait à l'instruction de savoirs élémentaires, c'est parce qu'il estimait que ceux-ci étaient des outils nécessaires à l'émancipation. Ces savoirs permettraient selon lui de ne pas être dupes des autres : « On enseigne dans les écoles primaires, ce qui est nécessaire à chaque individu pour se conduire lui-même et jouir de la plénitude de ses droits[1]. »

La finalité émancipatrice du savoir est en réalité peu valorisée : l'essentiel étant de décliner automatiquement des directives. Les enseignants qui l'ont compris n'ont eu, jusqu'à présent, d'autres choix que de respecter les rythmes imposés par l'État. Même les élèves et les parents soucieux avant tout de la réussite aux examens sont pris à cette mascarade. Le ministère préconise des dictées, de la grammaire, du calcul mental systématique, mais qui, parce qu'ils sont pratiqués indépendamment d'un quelconque projet, révulsent les élèves.

---

1. Condorcet, *Rapport et projet de décret sur l'organisation générale de l'instruction publique*, présenté à l'Assemblée nationale, au nom du Comité d'instruction publique, 1792.

Nous devons envisager les choses autrement : l'obsession d'une culture commune peut laisser place à une complémentarité des cultures et des savoirs. Dans une perspective d'*efficacité*, un projet est bien plus *rentable* qu'une leçon : l'élève apprend mieux, et plus durablement, s'il cherche en s'appuyant sur sa motivation autonome. Il révise les fondamentaux (écriture, calcul...) et crée des passerelles entre les disciplines (histoire et français, sciences et sports...).

Le divorce avec les programmes semble pour l'heure compliqué, tant la volonté de s'affirmer comme « nation » plus que comme citoyens du monde et tant la maîtrise des savoirs fondamentaux « lire, écrire, compter » à des âges précis tient à nos élites. Il semble néanmoins urgent de travailler à l'indépendance des instances programmatrices, et à l'ouverture de ces programmes vers les savoirs spontanés.

« De quel droit un pouvoir, quel qu'il fût, oserait-il déterminer où est la vérité et où se trouve l'erreur[1] ? » se demandait Condorcet, qui avait le projet d'une « société nationale des sciences et des arts » indépendante et ouverte à tous.

Le Conseil supérieur des programmes (CSP) « placé auprès du ministre de l'Éducation nationale », devrait être, depuis sa création sous le nom de « Conseil national des programmes » en 1990, une instance indépendante. Il n'en est rien. En 2018, les membres du CSP dénonçaient dans une tribune l'unilatéralité des décisions : « Peu après sa nomination, la présidente mani-

1. *Ibid.*

festait sa volonté d'empêcher tout positionnement qui ne correspondrait pas à ses propres points de vue[1]. » Le Conseil supérieur des programmes devrait davantage se préoccuper des savoirs et des sciences, et non de leur articulation, et demeurer indépendant des gouvernements.

J'ai rencontré plusieurs fois de « bons lecteurs » qui avaient appris à lire en dehors des méthodes syllabiques ou globales, des programmes officiels, et qui ne faisaient jamais de fautes d'orthographe. Certes, ce phénomène est loin d'être une généralité, mais est-il vraiment indispensable pour nos enfants d'apprendre, sans but précis, la grammaire ? Un élève m'a déjà posé la question : « Je n'ai jamais fait une seule faute, est-ce que c'est vraiment nécessaire que j'apprenne la grammaire ? »

Dans le cadre d'une correspondance ou de l'écriture d'un livre collectif, qui est un projet ambitieux, les élèves seront amenés à corriger mutuellement leurs erreurs et à rechercher « le pourquoi » de cette erreur. L'enseignant est alors à la disposition des élèves. Et c'est bien le traitement de l'erreur qui permettra de consolider la grammaire, de s'intéresser à ses règles. Le moteur de la connaissance est le désir d'apprendre, porté par la passion et la volonté. Si le désir est éteint par un enseignement maltraitant et par un apport de connaissance indigent, c'est à mon sens

---

1. « D'anciens membres du CSP dénoncent son fonctionnement », 7 novembre 2018, *Le Café pédagogique*, http://www.cafepedagogique.net/lexpresso/Pages/2018/11/07112018Article636771719460901264.aspx

plus inquiétant pour l'avenir de nos enfants qu'un savoir mal maîtrisé. Mon expérience, mes rencontres ou mes lectures m'ont appris que la volonté individuelle et collective a plus de valeur au sein d'un projet que n'importe quel diplôme, si prestigieux soit-il.

Prenons l'exemple de Sacha, 18 ans. En quinze années de scolarité, il a étudié les mathématiques environ 1 200 heures. Il sait poser une division. Il connaît les racines carrées. Sa compréhension des fonctions se limite à $f(x) = x^2$, voire à $f(x) = x2 + 1$. Il semble évident que ces compétences sont faibles au regard des 1 200 heures que Sacha est resté assis, à attendre que le temps passe, à étudier la forme des nuages par la fenêtre. Ayant quitté l'école avant d'avoir eu le bac, il a erré quelques mois à la recherche de lui-même. Et puis, il rencontre l'informatique. C'est une révélation. Il s'efforce de chercher une formation diplômante ouverte aux non-bacheliers. Son père, désespéré par le cursus de son fils, ricane, sceptique. Trop de lacunes. Pas assez de motivation. Sacha s'inscrit. Il se passionne. Il y a des écueils, puis des réussites. Il veut aller de plus en plus loin. Son père grince. Sa mère observe. Il persévère. Il lui faut un meilleur niveau en mathématiques. Il doute. Et il s'y met, seul, avec des livres, des cours en ligne. En quelques semaines, il atteint le niveau requis, les objectifs du jeune homme deviennent réalistes.

Des histoires comme celles de Sacha, nous en entendons tous les jours. On pourrait citer aussi ce chef d'entreprise qui a appris la finance à 40 ans, alors qu'il ne comprenait rien aux mathématiques. Lorsque cette discipline est devenue nécessaire à son projet, il s'y est plongé à corps perdu et s'est passionné pour ce nouveau langage.

Que révèlent ces histoires sur nos facultés d'apprentissage ? Tout d'abord, elles soulignent que nos aptitudes peuvent être mobilisées à tout moment de notre vie. La neurogenèse adulte (la capacité du cerveau à produire de nouveaux neurones), ainsi que la neuroplasticité ne font aujourd'hui plus débat[1]. La tendance fataliste à prédire une vie d'échec à partir d'un échec scolaire n'a plus lieu d'être.

Mais ensuite et surtout, elle nous apprend que nous mobilisons, et libérons nos compétences dans le cadre de projets stimulants. Ainsi, les savoirs dits fondamentaux (lire, compter, écrire…) s'apprennent-ils mieux et plus durablement si leur apprentissage est motivé par un désir personnel.

Comment pouvons-nous nous plaindre que nos jeunes soient incultes, et de l'être nous-mêmes, si nous continuons à promouvoir un système scolaire dépassionné, qui n'a pas foi en ses élèves ? Donner la priorité aux appétences et aux projets de nos enfants leur permettra d'aller bien plus loin qu'une acquisition superficielle du savoir.

---

1. Amadi O. Ihunwo *et al.*, « The Dynamics of Adult Neurogenesis in Human Hippocampus », *Neural Regeneration Research,* 11 décembre 2016 : https://www.ncbi.nlm.nih.gov/pmc/articles/PMC5270414/

Expérimenter les apprentissages informels

Je l'ai dit, la crise du Covid-19 de 2020 a condamné des millions de foyers à vivre en autarcie culturelle. Devant la perspective d'abandonner les futurs citoyens à leurs familles, de nombreux spécialistes se sont empressés de manifester leurs craintes quant à l'accroissement des inégalités.

Au milieu des injonctions à rester chez soi, des vidéos égocentriques et des funestes bilans de décès quotidiens sur les réseaux sociaux, on trouvait des publications narquoises, expliquant aux parents qu'ils allaient pouvoir constater par eux-mêmes le caractère indispensable de l'école. Sur ces posts, on pouvait lire, par exemple : « Ceux qui vont pouvoir partager du temps avec les petits anges qu'ils ont élevés vont peut-être réaliser que le problème ne vient pas de l'enseignant. » Ces messages de soutien aux professeurs dont le dévouement et le civisme inspirent nécessairement le respect, témoignaient néanmoins du peu de considération pour l'éducation des parents, mais aussi pour la créativité de nos enfants. Au passage, on oubliait les nombreux foyers qui n'ont d'autres choix que de pratiquer cette instruction en famille à temps plein ou partiel (je pense aux parents d'enfants autistes ou en situation de handicap). Mais les comportements et les observations ne furent pas nécessairement ceux que les institutionnels imaginaient.

Si les parents « raisonnables » se sont empressés de partager sur les réseaux sociaux l'emploi du temps rigoureux qu'ils avaient élaboré pour permettre la fameuse « continuité pédagogique », conseillés par le ministre de l'Éducation lui-même, d'autres, par audace ou par nécessité, ont laissé leurs enfants apprendre de manière « informelle ». En effet, il était compliqué pour les parents condamnés au télétravail de faire travailler leurs enfants, de répondre aux nécessités de la vie quotidienne tout en restant productifs. Une enquête que j'ai réalisée pour « L'école de la neurodiversité » révèle que 59 % des parents interrogés n'ont pas réalisé d'emploi du temps rigoureux. Il est inutile de rappeler les inconvénients liés au confinement, tant nous en portons tous les stigmates. Selon notre situation économique, familiale, professionnelle ou géographique, cette période fut une épreuve plus ou moins compliquée. Mais les bienfaits sont aussi significatifs. Certes, posséder un jardin et du matériel adéquat pour l'éducation à la maison est un inestimable avantage dans ces circonstances. Cependant, des familles vivant en appartement ont constaté que leurs enfants se portaient plus naturellement vers les apprentissages non maîtrisés. Les objets de leur recherche n'émanaient pas de l'exigence d'un programme. C'est ainsi qu'on a pu observer une petite fille de CE1 écrire des lettres, des récits, en cherchant à maîtriser et à comprendre l'orthographe et l'étymologie des mots ou qu'un petit garçon de 3 ans s'est adonné à l'ornithologie. D'autres ont lu pendant des heures, ont commencé leur premier roman, un journal de bord, cuisiné, réalisé des expériences, inventé des sports d'intérieur... Les familles nombreuses ont pu observer aussi des phénomènes de transmissions de savoirs entre leurs enfants, une activité extrêmement bénéfique aux plus jeunes comme aux plus âgés.

Libérer l'imaginaire

Le rêve est banni de l'école. Il n'y a qu'à lire les bulletins de nos enfants mentionnant des « élèves rêveurs » pour comprendre que cette désignation n'est guère flatteuse. Mais l'imaginaire, s'offusqueront les référents culture de l'Académie, n'est-il pas valorisé par les arts visuels ? Ces contremaîtres parlent, bien sûr, de l'art « institutionnalisé ». Dans leurs textes, on vante les mérites de l'éducation artistique, l'intérêt de côtoyer des artistes, de créer des projets avec eux. Si la rencontre avec les disciplines artistiques est un atout évident, l'art une fois institutionnalisé est vidé de sa substance, il n'est plus qu'un trompe-l'œil. Présente-t-il un quelconque intérêt pour l'enfant ? Dès lors qu'on l'adapte, le pétrit, le fait rentrer de gré ou de force dans un moule, qu'on protège le public de ses projections hasardeuses, qu'on ne le prend plus en pleine figure, l'art perd ses vertus libératrices. Il ne percute plus rien. Adapté aux horaires, aux normes, aux rapports de pouvoir, à la morale et à l'obligation scolaire, il ne lui reste plus grand-chose de subversif.

L'art est par définition liberté, alors, comment ose-t-on l'intégrer de manière aussi contraignante à l'enseignement ? À l'heure où j'écris, des milliers d'enfants se voient reprocher, parfois avec véhémence, de ne pas avoir respecté « la consigne » en arts visuels, d'avoir tracé un trait horizontal au lieu d'un trait oblique, ou de ne pas avoir suivi à la lettre les instructions d'un intervenant peinant à transposer la fougue de son art à l'aridité des salles de classe. N'y a-t-il rien de plus glaçant que d'imposer des « consignes » à l'expression artistique ?

Quand l'art devient un « domaine de compétences », il doit être digéré par l'usine à gaz académique et se plier à l'austérité scolaire pour avoir une quelconque valeur.

Pour que l'art puisse pénétrer l'école, il est nécessaire que les projets émanent des élèves, et soient libres, sans contraintes d'horaires ou de temps. Certes, l'enseignant ou l'intervenant porte son soutien et son expertise pour finaliser la démarche, mais si l'élève est passif, la pulsion créatrice, mais aussi le plaisir qui s'ensuit, sont anéantis.

Lorsque j'étais intervenante en théâtre, ma plus grande satisfaction était de constater la joie et l'enthousiasme que les élèves manifestaient à l'égard des projets dont ils étaient les maîtres. Je pense en particulier à un spectacle que nous avions écrit d'après leurs propositions, et finalisé ensemble. Nous avions des contraintes horaires, néanmoins elles étaient moins rigides que des « cours » classiques, et l'enseignante avec laquelle je travaillais était portée par l'engagement absolu des élèves, et ne comptait pas ses heures. Ils avaient envie, nous avions envie. J'ai toujours franchi les portes de cet établissement avec le sourire. L'affection que j'avais pour eux grandissait avec nos ambitions.

Oser l'amitié

Vivre est un risque. Enseigner en est un, peut-être plus encore. Au cours de leur formation, les jeunes enseignants sont incités à bannir l'affect, pour lui préférer le professionnalisme et la neutralité, comme si la froideur de la culture scolaire les préserverait de sentiments néfastes aux apprentissages.

Si cette appréhension peut s'entendre, elle n'en demeure pas moins une illusion. La sensibilité n'est pas une option que l'on choisit d'adjoindre à son enseignement. Elle est présente de manière nécessaire dans l'acte d'enseigner. Plutôt que de la nier, nous avons vivement intérêt à la prendre en considération. Car l'attitude de l'enseignant influe sur l'estime de soi de l'enfant, sa réussite ou son échec.

Aux récits de craintes et d'ulcères rapportés par ceux qui eurent des enseignants froids et distants, je préfère la rencontre respectueuse entre deux individus, qui parfois laisse place à une amitié inébranlable, à l'instar de celle de Fronton et de Marc-Aurèle au IIe siècle, d'Érasme et de Thomas More, de Louise Michel et de Marie David du temps de la Commune. Entre duos célèbres et histoires anonymes, de magnifiques relations ont éclos de la rencontre élève-professeurs. Doit-on en déduire que ces derniers furent des irresponsables dépourvus d'éthique ?

Dans ces amitiés qui dépassent les sentiments intéressés, l'élève apprend et se développe. Émerge alors un élan spontané d'un individu vers l'autre, une considération réciproque qui installe une relation durable et profonde.

Parmi ces enseignants abandonnés, culpabilisés, victimes d'une politique sociale et d'une culture scolaire discriminante, des voix s'élèvent encore pour défendre l'affect, même après des expériences tragiques. Une collègue raconte : « Un matin, j'ai demandé à un élève de s'asseoir. C'était un gros dealer, il se sentait le roi du monde. Il n'avait pas envie de s'asseoir. Alors il s'est approché de moi, a sorti un couteau, et m'a demandé si j'étais certaine de ma requête. Là, il n'est plus question d'autorité. » Cette professeure de français en lycée, qui connaît parfaitement le public des banlieues, a débuté sa carrière en Seine-Saint-Denis. Elle y avait vécu enfant et pourtant, elle n'a rien pu faire avec ces jeunes violents, agressifs, plus préoccupés par leurs trafics que par les connaissances scolaires : « Un autre jour, des élèves en retard m'ont tapé la tête contre une porte blindée, je me suis écroulée par terre sous les rires des gamins », ajoute-t-elle.

Malgré ses traumatismes, elle reste convaincue que les jeunes ont avant tout besoin d'attention et d'affection pour que s'instaure un respect mutuel. C'est ce qu'elle parvient à faire avec ses nouveaux élèves, un public toujours difficile mais avec lequel elle a réussi à construire une vraie relation.

Un argument récurrent pour exclure l'affect des salles de classe est qu'il encourage les inimitiés, les favoritismes, en somme, l'inégalité que nous avons à cœur de combattre depuis plusieurs siècles. Ces phénomènes existent au sein de toute relation d'enseignement. En acceptant leur existence, l'enseignant n'est plus dans un déni malsain qui obstrue son discernement, mais il peut agir en conséquence, réguler ses émotions et se méfier de ses sentiments négatifs. C'est à ce moment précis que s'amorce une relation authentique, honnête, et nécessairement imparfaite.

Le contrat qui sous-tend les relations entre les enseignants et l'élève ne peut exister hors d'une relation sincère et empathique. Ce contrat pédagogique implique respect mutuel, considération, engagement, liberté et sécurité.

Donner plus de liberté aux enseignants

Si nous voulons des élèves épanouis, commençons par laisser nos enseignants s'épanouir et retrouver la passion d'enseigner. Le conformisme appliqué aux élèves l'est aussi aux enseignants : dans un premier temps, la formation est restrictive et oriente leurs priorités. Dans un second temps, il reste difficile, entre relations professionnelles, « culture enseignante », contraintes administratives et matérielles, de bouleverser leur démarche. La liberté pédagogique n'existe pas !

Les jeunes recrues lâchées sans formation préalable dans des classes de vingt-huit, trente élèves, doivent obéir à un fonctionnement unique. Pourtant, il est clair que les priver de liberté pédagogique est contre-productif. Comment l'enseignant peut-il faire son travail s'il doit contraindre sa nature, sa manière propre d'enseigner ?

Soucieuse de quantifier et de contrôler les enseignements, l'Éducation nationale produit les petits soldats du savoir, qui nient leur identité une fois en classe. Mais exiger qu'ils oublient leur nature, leurs propres passions, c'est exiger qu'ils s'éteignent. La vraie liberté pédagogique consiste à permettre aux enseignants d'innover, de proposer de nouvelles façons d'apprendre, et mettre fin à cette méfiance qui leur pèse. En libérant les professeurs de cette chape de plomb que constitue l'injonction de normalité, nous permettrons à nos enfants d'avoir un accompagnement digne de ce nom. Comme les élèves, les enseignants possèdent une intelligence qui leur est propre. Laissons-les s'appuyer sur cette intelligence, c'est là qu'ils prendront du plaisir à enseigner.

Je suis fondamentalement convaincue que l'amour et la passion font bien plus que l'application systématique d'une « méthode » enseignée, toujours la même, dans les instituts de formation, et exigée par la hiérarchie. L'étincelle dans les yeux des élèves, les retours enthousiastes des parents, je les ai bien plus observés lorsque j'ai fait fi des instructions de ma hiérarchie, et où j'ai pu faire confiance à mon intuition.

C'est sur la liberté pédagogique, la capacité d'adaptation et leur inventivité que le ministère devrait miser. L'esprit libre est cent fois plus fertile que l'esprit prisonnier. On trouvait déjà cette idée chez Montaigne (se référant à Épicharme, philosophe du VIe siècle av. J.-C.) : « Épicharme disait que c'est l'intelligence qui voit et qui entend, que c'est elle qui profite de tout, qui organise tout, qui agit, qui domine et qui règne, et que toutes les autres choses sont aveugles, sourdes et sans âme. Et nous rendons cette intelligence servile et timorée en ne lui laissant pas la liberté de faire quoi que ce soit par elle-même[1]. » Ne privons plus l'enseignant de sa créativité, de sa capacité à se réajuster, à envisager les savoirs selon des perspectives innovantes. La réhabilitation de sa volonté est une urgence.

L'enseignant libéré sera en mesure, s'il dispose du temps et de la possibilité d'observer ses élèves, de mettre à leur disposition le matériel et le soutien nécessaires. Comprendre leurs difficultés, s'adapter à leurs rythmes, respecter leur curiosité naturelle et leur diversité mentale est possible avec un effectif raisonnable et de la confiance.

Revoir nos priorités

Le temps d'apprentissage est étouffé sous des monticules de circulaires. Cette obsession des cases contamine les hautes sphères de l'institution et condamne les plus récalcitrants. Pour avoir été en difficulté avec ces documents, j'ai été maintes fois rappelée à l'ordre : « Vous devez rentrer dans le cadre scolaire », « Vous êtes fonctionnaire d'État ». J'ai vu nombre de mes camarades fuir ou être harcelés, exclus parce qu'ils osaient résister à cette charge de travail absurde et chronophage, tandis que des attouchements ou des gifles passaient inaperçus.

---

1. Montaigne, *Essais,* livre I sur l'éducation.

Cette frénésie administrative se poursuit jusque dans les salles de classe. J'ai essayé, lorsque j'étais stagiaire, d'évaluer, comme le souhaitaient mes tuteurs, mes élèves sur chaque séance, et sur plusieurs compétences. Ce fut une réelle souffrance. Je n'avais pas le temps de les observer. Je notais uniquement les résultats et leur conformité au « référentiel de compétences » qui m'était imposé.

Si nous voulons des enseignants disponibles, il faut les libérer des obligations administratives qui polluent leur quotidien et les rendent moins présents pour nos enfants. Mais cela ne suffit pas. Pour bénéficier d'un enseignement de qualité, il faut accorder un temps aux enseignants pour se former, rencontrer des scientifiques, des ingénieurs, des artistes, des chefs d'entreprise, assister à des colloques ou élaborer des projets avec leurs collègues. Sinon, qu'ont-ils à offrir d'autre aux élèves que leur stress et leur épuisement ? Il me semble primordial de leur proposer du temps pour nourrir leur esprit, se former, redécouvrir le monde.

J'ai eu à plusieurs périodes de ma vie l'occasion d'être à temps partiel et de me consacrer en parallèle à un projet théâtral ou littéraire. Contrairement aux semaines surchargées durant lesquelles il n'était question que de programme et de correction de copies, cette organisation s'est révélée extrêmement fructueuse, pour les élèves comme pour moi. Mes découvertes, mes interrogations issues de ce temps libre m'inspiraient, et j'avais, dans mon cartable, le monde en plus des copies.

L'échec scolaire n'existe pas !

Faisons le pari d'une passion généralisée qui puisse nous sortir de la morbidité des crises sanitaires et sociales que nous traversons. Donnons à nos enfants le goût de la joie. Ils feront le reste.

13.

« Quel débile ce prof ! »

Pour illustrer la défiance réciproque entre les parents et les enseignants, je reviens à l'année qui a suivi le concours de professeur des écoles, alors que je faisais partie des « stagiaires ».

Stagiaires. Pigeons. Pantins. Reconvertis. Recrues gorgées d'idéaux. On y croit. On l'a rêvé. L'Éducation nationale l'a fait. Envoyés au front bien souvent avant d'avoir entrevu un seul professeur, une formation plus que légère, un poste à deux heures de chez soi, enfants ou pas, des classes compliquées, des élèves que l'on ne comprend pas sans y être formés, la hiérarchie qui vient vous évaluer après quelques jours de pratique… Je me demande quels genres de passionnés, de masochistes nous sommes pour accepter ce carnage.

Dans le train qui me mène à l'École supérieure du professorat et de l'éducation (qui n'a de supérieur que le nom), je traverse les wagons, un café à la main, à la recherche de mes compagnons de galère.

Ce matin, il n'y a qu'Éric, tout seul, assis à côté de son vélo. Il garde son casque sur la tête, peut-être au cas où le train viendrait à dérailler. Je ne l'ai jamais vu aussi blanc. Je viens m'asseoir à côté de lui, mais il sait pertinemment que je n'aurai pas le temps d'échanger des banalités. Le train nous balance comme des marchandises, nous ne sommes plus des personnes, nous sommes des choses, des corps que l'on déplace, que l'on remplace. Je lui demande si ça va. Il acquiesce mollement. Il est cloué à son siège, amorphe. Il semble avoir renoncé à chercher le bonheur. Il a abandonné son orgueil. Il subit. Je m'installe et sors mon ordinateur.

« En fait, non, ça ne va pas. Enfin, je veux dire, je ne suis pas dans mon assiette. Je n'en peux plus d'être jaugé, pesé, dénigré… Honnêtement, j'en viens à penser que je suis fondamentalement mauvais. Je ne peux rien faire de mes élèves, ils ont raison, c'est pathétique !

– Comment ça, tu ne peux rien en faire ?

– Il y en a deux qui sont ingérables, qui frappent, insultent, il y en a un que je suis obligé de maîtriser physiquement, je dois l'attraper et le tenir fermement pour ne pas qu'il se jette sur les autres, qu'il renverse ses affaires, est-ce que tu réalises ?

– Mais enfin, pourquoi ils t'ont mis là, alors que t'as aucune expérience, aucune formation ?

– Je sais pas, peut-être qu'ils se disaient qu'avec un homme ça éviterait les drames. Mais bon, je n'arrive pas à faire classe dans ces conditions. En fait, je passe ma matinée à contrôler l'éruption du petit. Il paraît qu'il a un traitement mais il ne le prend pas. Alors, tous les jours, il fait des crises, des hurlements…

– Mais, l'inspecteur, tu lui as expliqué tout ça ?

– Il a l'air de penser que c'est partout pareil, il me dit que j'ai des conditions optimales pour apprendre le métier d'enseignant. Je dois réussir à maîtriser ma classe, même quand il y a des cris, de la violence, des insultes.

– Et ils n'écoutent jamais ?

– Non.

– Je crois que je commence à comprendre la conception de l'“autorité” qui règne dans cette institution. C'est un peu la théorie du maître et de l'esclave. Les élèves écoutent dès lors qu'ils sont dans la crainte. Il faut leur montrer les dents, que tu es le plus fort.

– Mais je n'ai pas envie d'enseigner comme ça, ça ne m'intéresse pas.

– Moi non plus, crois-moi, mais j'ai l'impression qu'ils sont habitués à être écrasés depuis leur plus jeune âge. Du coup, quand tu casses cette dynamique, ça peut donner du merveilleux ou du désastre. Mais je suis comme toi, j'essaie de faire autrement, et, pour l'instant, je tâtonne. »

Éric se voit comme un mauvais enseignant. Doté d'une gentillesse et d'un altruisme rares, d'une culture générale sans pareil, mais aussi d'une faculté à raconter des histoires qui semble un indéniable atout pour un enseignant, il ne peut pourtant se défaire de l'étiquette d'outsider qu'on lui a greffé dès le premier jour. L'excellence, contrairement à la médiocrité, ne s'impose pas par la contrainte. Et au lieu de remettre en question cet équilibre d'une faible efficacité, l'école élimine les maillons faibles, ceux qui essaient d'enseigner par d'autres voies.

Le train ralentit. Dehors, il fait toujours nuit. L'École supérieure du professorat et de l'éducation nous attend de pied ferme. Je n'ai pas envie d'y aller. On traîne tous les pieds. Vous avez voulu devenir enseignants, vous l'êtes. Ne venez pas vous plaindre. Une journée de cours nous sépare encore du vendredi soir libérateur. Attendre le vendredi soir. Si on m'avait dit qu'un jour, je penserais à ça. Arrivée à la machine à café, j'observe les visages qui commencent à s'épuiser, les apparences de moins en moins soignées, et les soupirs sur toutes les lèvres.

Ce qui nous pèse, c'est avant tout le contrôle permanent. N'ont-ils pas compris que rien de grandiose ne se fait sous surveillance ? Apparemment, l'institution considère que nous sommes des tire-au-flanc qui avons choisi ce métier pour glander. Apparemment, elle a envie de nous rappeler à tous que ce métier, c'est du travail. Au cas où l'on ne s'en serait pas rendu compte. Résultat sur les stagiaires : crises de couple, anxiolytiques, dépressions, malaises, maux de dos, arrêts de travail, herpès, psoriasis…

Prenez un être humain, de préférence jeune, talentueux, les veines blindées d'idéaux. Trempez-le dans l'ingratitude, roulez-le dans le mépris. Pensez à le tenir très éloigné de ses proches. Ne le sortez de l'anonymat que pour une humiliation annuelle. Ensuite, assaisonnez-le de consignes absurdes et contradictoires et d'une bonne louche de stress. N'accordez aucune importance à ses problèmes personnels ou à son fonctionnement individuel. En quelques mois seulement, vous obtiendrez un aigri à souhait. Si le résultat se fait attendre, vous êtes tombé sur un récalcitrant. Changez de fournisseur.

Sur les chaises de cette école, je retrouve ma condition d'élève distraite. Je lève les yeux vers le plafond troué. Dans le ciel, des tyrans concoctent ou copient des concepts qu'ils considèrent comme novateurs et ont la bonté de nous les émietter. De nous faire parvenir la bonne parole *via* l'homélie académique. Ignares et incultes que nous sommes.

Comment ces enseignants cultivés, passionnés, acceptent-ils que des individus s'octroient le monopole de l'excellence ? Comment supportent-ils la posture du bon élève zélé qui boit les paroles de messieurs les conseillers et inspecteurs, qui n'hésiteront pas à faire de la délation discrète pour se sentir proches de la hiérarchie ? J'ai plutôt le sentiment d'avancer avec une foule de personnalités dans l'impossibilité d'exprimer leur talent.

Les journées sont longues. Heureusement, ils nous ont laissé la musique et la philosophie. La philosophie permet de détruire et de construire autrement. Pendant deux heures. Et la monotonie reprend ses droits. Je piétine, je bouge la jambe. Je me demande si on ne se moque pas de moi, de nous. Tandis que « l'élite » se réunit en « comité scientifique » qui reformulera des préconisations ancestrales, le stagiaire doit gérer des insultes, violences, lacunes et surnombre dans sa classe, sans autre soutien que le jugement de ses « tuteurs ». Pendant que résonnent les annonces séduisantes, l'enseignant culpabilise de substituer une grande part du temps d'apprentissage à celui de « gendarme ». Pendant que certains stagiaires cherchent à caser une trentième table dans leur classe minuscule, l'Éducation nationale nous explique dans son plus beau langage « qu'il serait, peut-être, bon, sans doute, d'individualiser la gestion de l'outil scripteur et de différencier les séquences en prenant soin de suivre le réferentiel ». Alors, entre ce mépris de la hiérarchie et cette impuissance de faire grandir nos élèves dans de bonnes conditions, on craque.

On nous a réservé, distraction ultime, une petite séance de théâtre. Je suis rouge, vermillon, écarlate, comme à mes premiers balbutiements sur scène. J'ai à nouveau 15 ans. Après une matinée passée à recenser des sites internet à la salle informatique et un sandwich partagé avec le clavier de l'ordinateur en vingt minutes, on passe du prof de musique qui nous apprend à faire des rythmes et pleure le peu d'heures de formation musicale qu'il nous reste à ce cours de « gestion de classe ».

Même si je suis brûlante de trac, je me réjouis de pouvoir faire autre chose que de m'enraciner sur ma chaise. Le prof nous distribue, amusé, des petits morceaux de papier de quatre centimètres sur dix, sur lesquels sont exposées des situations hilarantes : « Les parents de Marina refusent que celle-ci joue avec Ines, prétextant qu'Ines a des poux. Ils demandent l'exclusion de celle-ci, comment réagissez-vous ? »

Nous sommes, bien entendu, effarés par la requête des parents de Marina. Le formateur hausse les sourcils en fermant les yeux, comme pour nous mettre en garde : « Vous allez en voir passer des comme ça. » Le premier groupe passe donc sur cette situation.

On joue ensuite la scène durant laquelle il faut annoncer le niveau désolant d'un élève à sa famille. Avec politesse et condescendance, anticiper les déflagrations, enrober les notes et les appréciations afin de ne pas attiser la flamme.

Puis celle des parents qui expliquent à l'enseignant que sa pédagogie est médiocre, qui lui assurent comment eux, avec leur formation de chargé de communication et de chef de rayon, ils savent mieux que vous comment faire.

Ou cette mère persuadée que son fils est surdoué.

Ces parents irascibles, jaloux, surprotecteurs, il faut leur faire face, s'y préparer. Nous nous amusons tous à jouer ces rôles exacerbés, et nous sommes trop gênés et trop épuisés pour ne pas rire en même temps. J'avoue que j'en profite pour évacuer le stress et la nervosité accumulés ces derniers mois.

Après que nous avons tous joué à peu près la même scène, c'est-à-dire celle des parents furieux face au professeur recroquevillé qui essaie désespérément de leur inculquer les valeurs de la République et de préserver la distance de rigueur entre le corps enseignant et la sphère familiale, mon amusement s'obscurcit. Je m'interroge sur la pertinence de ne proposer aux jeunes profs que des mises en situation qui véhiculent une image déplorable des parents d'élève. C'est assez simple : nous sommes les gentils, les bons petits soldats de la République, ceux qui ont tout compris, et les parents sont les méchants, les ennemis, les parasites, les idiots. Pire alors, les débats qui ont suivi étaient une succession de mauvaises expériences et de jugements.

L'atelier me laisse sceptique quant à la considération de mon nouvel employeur pour les familles. Bien sûr, il existe des textes qui parlent de coéducation, d'impliquer les parents, de leur ouvrir la classe. Nous pouvons nous réjouir de cette prise de conscience de collaborer avec les familles. Mais ces quelques lignes ne résoudrons pas le dramatique conflit qui sous-tend les relations entre familles et enseignants.

« On ne voit jamais les parents, ni le matin ni le soir ! », « Le cahier de liaison est resté une semaine dans le cartable », « Sa mère est en arrêt depuis trois mois et elle laisse son fils à la cantine ! », « Oh ben alors, maman elle t'a remis ton jean troué ? », « Oui enfin, il paraît qu'il a été diagnostiqué… » Les critiques volent dans les salles des profs… Et les parents ne sont pas toujours tendres non plus : « Ce prof est en dépression chronique », « C'est un ignare asphyxié de médiocrité ! », « Il a autant de psychologie qu'une huître », « Il persécute mon fils ». Pourquoi ? Sans doute à cause de cette institution qui pousse, dès le départ, à être « professionnel », c'est-à-dire froid, distant, et à fuir l'enfer de la famille.

Le sentiment d'absurdité peut frapper au visage de n'importe qui, mais particulièrement à celle d'un prof qui apprend le métier, ou plutôt les codes du métier. Tous ces règlements, ces tabous, ces évidences que je ne maîtrise pas commencent à me ronger. J'ai intérêt à vite les acquérir car les prochaines visites arrivent. Je me sens à côté de la plaque, sur une autre planète, immergée dans une autre culture. Je ne comprends pas pourquoi je ne parviens pas à intégrer ces mécanismes idiots.

Quelques semaines plus tard, je bénéficie, après plusieurs mois d'enseignement, de ma première « observation » en classe dans une école de campagne. Je peux donc profiter de l'expérience d'un collègue qui encadre des CM2 durant quelques jours. Pendant les jeux sportifs, pardon, *la séance de partage de règles, des rôles et des responsabilités à assumer – champ d'apprentissage 4 : conduire et maîtriser un affrontement collectif ou interindividuel* –, une petite trouve le moyen de se faire une entorse. Spontanément, je propose d'aller chercher ma voiture pour la ramener. Mon collègue me regarde, horrifié :

« Surtout pas ! »

Là, je me rends compte que j'ai dit une énorme bêtise. Prendre un élève dans sa voiture est interdit. Bien sûr ! J'aurais dû m'en douter, puisque tout est interdit ! Je me rappelle avec tendresse mon professeur de lettres de terminale – un des rares qui m'ait laissé un bon souvenir – qui m'avait ramené avec son propre véhicule au centre-ville lorsque j'étais plâtrée. C'était un hors-la-loi. Et j'ai failli faire la même erreur, en tant que stagiaire ! La seule solution est donc que je raccompagne la petite, et que je parte dès à présent afin d'arriver en même temps que les autres à l'école, qui se trouve à plus d'un kilomètre. On en est là.

Je marche en soutenant Aurore qui essaie désespérément d'avancer à cloche-pied. On s'arrête au bout de trois minutes. On repart. Je suis tombée sur une petite intéressante, la conversation est agréable. Deux minutes plus tard, elle cale. Elle n'en peut plus. Je la prends sur mon dos et lui mets mon foulard sur la tête afin qu'elle n'attrape pas une insolation.

Tandis que j'avance péniblement avec trente kilos sur le dos, je calcule qu'il nous reste encore une bonne demi-heure sous le soleil, sans compter les pauses que nous faisons à l'ombre pour ne pas nous dessécher.

C'est avec cette allure de tortue bicéphale que j'acquiers l'intime conviction que le règlement, parfois, est complètement absurde. J'en ai une nouvelle preuve alors que nous nous arrêtons pour reprendre notre souffle au milieu de noyers, et que je commence à ramasser quelques noix :

« Ah non, m'interrompt-elle, ça on n'a pas le droit !

– C'est interdit de ramasser des noix ?

– On n'a pas le droit, ni les noix ni autre chose. »

Je reste stupéfaite quelques instants avant de reprendre le volubile fardeau sur mon dos en m'inquiétant que le principe de précaution et l'éducation de masse nous éloignent tant de la nature, et de la vie, tout simplement.

14.

Coéduquer : la clé de la réussite

Les relations entre les parents et l'école sont souvent inexistantes, ou empreintes de paranoïa et de mépris. C'est presque une tradition : on ne convoque jamais un parent quand tout va bien. C'est lorsque les complications émergent qu'on l'alerte. La limitation des échanges aux « périodes de crise », pendant lesquels enseignants, élèves et parents ne partagent souvent pas la même analyse, détériore dramatiquement ce lien.

Pour des raisons de « posture » ou de sécurité, les portes de l'école sont trop rarement ouvertes aux parents. Pourtant, leur rôle dans une scolarité réussie ne fait plus débat. La coéducation, participation de tous les protagonistes du développement de l'élève à la vie et aux projets de l'école, devient incontournable. Pourquoi peinons-nous à éradiquer la défiance réciproque ?

« Il faut tout un village pour élever un enfant »

Ce proverbe africain frise la banalité, tant il est repris par les nouveaux speakers de l'éducation, qui ont vu dans la remise en question de notre système une belle opportunité. Le boulanger qui reprend le petit garçon qui ne lui a pas dit bonjour, le cycliste qui roule sur la piste cyclable, cet homme pressé qui ignore le mendiant participent tous à l'éducation.

Par leurs actes, ces personnes ont une incidence sur le monde qui entoure l'enfant et sur ses représentations. Chaque rencontre, du parent à l'inconnu, de l'agent d'entretien au politique, joue un rôle clé.

L'éducation est une démarche involontaire : ce n'est pas le contenu de nos propos qui éduque, ce serait tellement facile, mais nos actes et l'interprétation qu'en fait l'enfant. Elle oriente ses choix et définit l'adulte qu'il va devenir. L'enfant lui-même saisit ses valeurs en regard des multiples suggestions du monde.

La notion d'éducation est encore discutée. Selon certains auteurs, ce terme viendrait de *educare*, relatif à l'action « d'élever », « de nourrir des animaux ou des plantes ». Mais on attribue aussi son étymologie à *ex-ducere*, signifiant « faire sortir, mettre dehors, tirer hors ». Éduquer reviendrait à sortir nos progénitures de leur état d'ignorance. Il y a donc à l'origine l'idée de mouvement dans notre perception de l'éducation. La meilleure façon d'être en mouvement, c'est-à-dire en liberté, est de comprendre le monde dans sa complexité afin de s'y construire une place, entre désir et acceptation.

Ainsi, le débat entre l'instruction et l'éducation est vain. Qu'il le veuille ou non, l'adulte éduque son enfant, parce qu'il oriente sa relation au savoir, sa relation à autrui et au monde. Si Condorcet insistait sur la distinction entre éducation et instruction, c'est qu'il entendait par éducation la reproduction des mœurs et des opinions politiques, morales et religieuses de la famille. Or, elle est bien plus vaste que la transmission des dogmes et des opinions. Il ne suffit malheureusement pas à l'élève de s'entendre dire qu'il faut respecter autrui pour qu'il le fasse. Il faut aussi qu'il observe, qu'il expérimente ce principe. En cela, l'enseignant joue un rôle d'éducateur. À l'école, c'est toute une communauté qui éduque les enfants : les professeurs, les intervenants, les accompagnants, mais aussi les autres élèves.

Des parents jugés coupables

« Tu verrais les parents... » Accueillie comme l'ortie dans une prairie, la présence parentale dérange. Le corps enseignant estime que les familles sont intrusives, tout juste bonnes à rapporter des difficultés qu'il juge dérisoires, ne comprenant pas les enjeux de la scolarisation.

Pour la société, le parent, c'est aussi cet être laxiste qui laisse sa progéniture, livrée à elle-même, se construire ses propres armes en affrontant seule les affres de la vie. C'est celui qui n'est là ni à 9 heures ni à 16 heures pour accompagner son enfant à l'école ou pour l'attendre devant la grille. C'est en particulier la mère qui subit ces préjugés de plein fouet, puisque la société considère l'absence du père comme légitime. Elle pointe aussi du doigt cette mère obsessionnelle qui harcèle l'enseignant de questions et de recommandations, cette mère surprotectrice qui obstrue par son anxiété le développement de l'enfant.

De la mère castratrice à la mère réfrigérateur, notre culture est biberonnée à la culpabilité maternelle. Le niveau des enfants est imputable en priorité au rôle de la mère, comme on peut le lire, par exemple, dans cet extrait d'un livre de Françoise Dolto : « Le retard de langage et le retard psychomoteur, plaie des enfants des villes, et qui font de ces enfants des retardés pour entrer à l'école, provient du dérythmage des besoins alimentaires, excrémentiels et moteurs des petits. Dérythmage dû surtout à l'ignorance des mères et à leur manque d'observation et de respect du rythme de besoin et de l'apparition du désir des enfants qui accompagne leur développement sensori-psychique, lequel dépend de la relation langagière à la mère et non du dressage à la propreté[1]. »

Nous héritons de cette chasse aux sorcières du XXe siècle, qui connut des stérilisations abusives, des accusations et des théories à charge, dont l'invention du *momism* par Philip Wylie, auteur de *Générations de vipères* selon lequel la domination des mères américaines serait l'origine des maux des États-Unis.

1. Françoise Dolto, *La Difficulté de vivre*, Gallimard, 1995.

Responsable de la délinquance, de l'anorexie, et de tant d'autres maux, la passivité des mères constituerait la cause première des dérives de notre jeunesse, mais aussi de ses troubles. Dans son ouvrage *Don't Blame Mother*, la psychanalyste américaine Paula Caplan relève que sur cent vingt-cinq articles parus dans les grandes revues de psychiatrie américaine, soixante-douze troubles (allant de l'incontinence nocturne à la schizophrénie, en passant par l'inaptitude à gérer le daltonisme, l'agressivité, les difficultés d'apprentissage ou même le « transsexualisme ») étaient imputés aux mères.

Dans une interview accordée en 1960 au *Time Magazine*, Kanner[1] expliquait que les mères d'enfants autistes étaient « tout juste suffisamment décongelées pour procréer un enfant ». La théorie des enfants « givrés », maltraités, mal-aimés transpire aujourd'hui dans toutes les strates du corps médical. Les mères sont encore soupçonnées d'être incapables de transmettre de l'amour ou de la considération à leur enfant. Nombre d'écrits de nos contemporains – et surtout les récits que font certains parents autistes de leurs expériences avec les institutions – témoignent de la marge de progression dont nous disposons : « C'est une psychose infantile et vous devez comprendre ce à côté de quoi vous êtes passés », « Il faut regarder du côté du contexte familial », « Vous avez coupé votre enfant du monde », « Votre enfant souffre de carences affectives », « Connaissez-vous le syndrome

1. Léo Kanner (1894-1981) est pédopsychiatre autrichien. Il est connu pour avoir défini l'autisme infantile précoce.

de Munchausen ? » Ces mots assassinent un peu plus chaque jour les parents d'enfants atypiques, quand on n'arrache pas ces derniers à leurs familles pour suspicions de maltraitance.

Il ne faut pas se mentir : la société tout entière en veut aux parents. Des familles de « cas soc' » aux mères irresponsables, étouffantes, laxistes ou démissionnaires, cette croisade a aussi envahi les salles des profs. Les parents sont relégués au rang des incompétents, même si leurs difficultés sont souvent générées par la rigidité du système. Mais l'école ne tolère aucune accusation.

Que propose alors le ministère de l'Éducation nationale ? Sur son site, il est expliqué que des réunions permettent aux enseignants et aux parents « d'échanger ». Qu'entend le rédacteur de ces vertueuses préconisations ? Elles « portent sur des sujets majeurs comme les apprentissages, la sensibilisation aux enjeux de santé et de prévention des addictions, l'importance du sommeil et d'une alimentation variée, etc. ». L'enseignant semble donc chargé de transmettre les bonnes pratiques pour élever un enfant sain, disposé à accueillir le savoir. L'enseignant prêche la bonne parole. Le parent courbe l'échine et s'autoflagelle.

Ces quelques tentatives de dispositifs qui n'existent pas en pratique servent, tout au mieux, à donner bonne conscience à l'institution. Mais c'est un changement de culture global qu'elle va devoir adopter si elle veut mettre en place une véritable coéducation.

Pour l'heure, en France, les parents n'ont pas voix au chapitre. Ils ne doivent pas expliquer aux enseignants comment composer avec les particularités de leurs enfants, mais on se réjouit qu'ils se chargent d'organiser une collecte de fonds pour un voyage scolaire ou qu'ils aident à traverser les passages cloutés pour sécuriser le trajet des enfants jusqu'au cinéma. Les parents sont relégués au rang de géniteurs inculqueurs de bonnes manières systématiquement incompétents en matière d'instruction.

Mais avant tout, le parent, qui a accès à un monde intime, invisible à la sphère scolaire, doit être écouté. C'est aussi le point de vue que défend Mélanie Ouimet, fondatrice du mouvement « La Neurodiversité » au Québec : « Bien outillé, le parent sera toujours le mieux placé pour comprendre et répondre aux besoins de son enfant. Il est déplorable que certains spécialistes, fervents défenseurs des thérapies comportementales intensives ou de la médicalisation, laissent croire le contraire[1]. »

La distance entre les professeurs et les parents, dont est imbibée la culture enseignante, est aussi responsable de cette défiance réciproque. Aux jeunes enseignants, on apprend à garder la « bonne distance » avec les familles. Au sein de la majorité des écoles, les enseignants semblent « barricadés » pour se préserver du monde extérieur. Cette prudence est, leur a-t-on appris, l'indispensable paramètre d'une relation saine et professionnelle. D'ailleurs, ceux qui outrepassent leur fonction sont traités de démagos et jugés moins « crédibles ».

---

1. Mélanie Ouimet, *La Neurodiversité*, Éditions Parents éclairés, 2018.

Des enseignants méprisés

De l'autre côté, les enseignants pâtissent d'un mépris croissant et sont épuisés par leurs conditions de travail. J'ai moi-même pu expérimenter les multiples relations avec les parents : ceux qui vous couvrent de cadeaux en vous remerciant pour le soutien apporté à leur progéniture, ceux qui sont pressés, qui attendent à la sortie tout en restant au téléphone et lâchent un prénom du bout des lèvres, sans prendre la peine de vous saluer…

Le mépris, nous l'avons évoqué, n'est pas dû à un défaut d'autorité, il provient de la colère grandissante en chacun d'entre nous. Nous prenons conscience que l'enseignement des masses n'émancipe pas, mais conditionne et condamne à l'échec. Les enseignants sont aussi souvent perçus comme les défenseurs d'un système inégalitaire et inhumain, alors qu'ils en sont tout autant les victimes.

C'est par ailleurs leurs revenus et la faible valorisation de leur statut qui leur confèrent si peu de crédit auprès de la population. En France, les parents déconseillent à leurs enfants de devenir professeur. En Finlande, c'est un accomplissement, au même titre que le métier de médecin ou avocat. « Ingratitude » est un des mots qui revient le plus à la bouche des enseignants français. Ingratitude de la communauté qui ignore leur travail et leurs sacrifices. Ingratitude de l'administration qui pratique une gestion de ressources inhumaine.

Enfin, il y a cette schizophrénie de l'enseignement qui exige simultanément des enseignants rigidité et adaptabilité. Qui exige d'accepter tous les élèves sans prendre en compte leur diversité. Qu'ils soient « bienveillants », mais pas « dans l'affect ». Qu'ils se forment, mais qu'ils soient présents en classe.

Ce que nous avons à reconquérir, ce n'est pas l'autorité, mais la confiance réciproque. Mais, si la confiance dépend de la considération, comment pourrait-elle émerger dans un environnement au sein duquel les relations sont inexistantes ou protocolaires ?

Renforcer la collaboration entre les parents et l'équipe éducative

De nombreuses études attestent que la collaboration entre les parents et l'équipe éducative favorise la réussite des enfants, qui parviennent davantage à se réguler, manifestant une vision plus positive de l'école, avec de meilleurs résultats.

Les parents engagés dans l'éducation et les enseignants qui cultivent l'implication scolaire parentale montrent également une satisfaction accrue de cette coopération.

On peut citer, par exemple, les études sur la collaboration des familles et de l'école dans la réussite scolaire menée par des chercheurs de Sherbrooke et de Montréal, l'une portant sur les familles immigrées[1],

1. France Beauregard et Hariet Rrietpetrakos, Audrey Dupont, « School-Family-Community Collaborations : Contribution of the Intercultural Worker in Accompanying Newly Immigrant Parents to School », Education Sciences & Society, 2016.

l'autre sur les enfants souffrant de troubles de l'attention[1]. Ces chercheurs ont montré qu'indépendamment du QI et du revenu familial, la collaboration entre la famille et l'école joue un rôle clé dans la réussite scolaire. Cet impact s'est avéré plus positif pour des enfants présentant des problèmes d'hyperactivité et d'impulsivité.

L'implication du parent est essentielle, et la fréquence des contacts entre la famille et l'école est décisive. C'est donc une équipe solide, soudée et complice, qui doit collaborer. Les interactions ne peuvent se limiter à de brefs échanges ponctuels. Les parents sont une inestimable réserve de ressources pour les enseignants. Par leur culture, les langues qu'ils pratiquent, le métier qu'ils exercent, ils ont beaucoup à apporter à l'école. Ils doivent être davantage concertés dans l'élaboration des projets, les sorties, les interventions, et tout ce qui concerne le cursus et les conditions d'accueil.

Les accompagnants et auxiliaires qui assistent quotidiennement les enfants en difficulté sont également des soutiens précieux et des acteurs essentiels de leur scolarité. Malheureusement, leur expertise est rarement reconnue. J'ai la chance d'avoir rencontré, parmi mes étudiants qui préparaient les concours d'enseignant, Maryse, une ancienne accompagnante d'un élève en situation de handicap. Son talent pour

1. Marie-José Letarte, Marie-France Nadeau, Julie Lessard, Sylvie Normandeau et Julie Allard, « Le rôle de la collaboration famille-école dans la réussite scolaire d'enfants ayant un trouble de déficit de l'attention/hyperactivité », *Service social*, 2011.

déceler les compétences et les besoins de son élève diagnostiqué autiste est incontestable. Elle a noté, quotidiennement, ses progrès, ses interrogations, ses découvertes. Elle m'explique avoir mis en place avec lui tout un arsenal d'outils et de stratégies adaptés à ses besoins particuliers. Elle est la seule détentrice de « la » méthode qui correspond à l'enfant. Mais l'expertise des accompagnants est souvent peu valorisée et peu prise en compte. C'est ce que déplore aussi Maryse, qui a souffert de l'indifférence totale du collège vis-à-vis des données qu'elle avait fournies à l'établissement à la rentrée.

Loin d'être idéale, parce que le numérique ne remplacera jamais l'homme, et parce que les inégalités en termes d'équipement et de disponibilité étaient flagrantes, la période de confinement nous a contraints à mettre en place une vraie collaboration, un dialogue plus apaisé, plus confiant, entre équipe éducative et famille. Ce dialogue, parce qu'il s'est révélé indispensable, ne doit pas être interrompu.

Valoriser l'environnement familial

L'environnement familial fait partie intégrante de l'identité de l'élève. Sous le vernis du *savoir-être*, l'élève transporte une histoire, des rites, des habitudes, des passions. Quotidiennement, il constate l'écart entre sa propre famille et la famille modèle présentée dans ses manuels.

L'élève est exhorté à développer un sentiment d'appartenance à la communauté scolaire. Or, comment le maintenir si aucune passerelle entre l'univers de l'enfant (ou de l'adolescent) et celui de cette communauté n'est esquissée ?

Aurions-nous, en France, peur du parent ? Force est de constater que nous peinons à réconcilier l'école et la famille. En Irlande, l'*Education Act* de 1998 impose aux établissements de créer des partenariats avec de nombreux acteurs, dont les familles, de consulter les parents sur la scolarité de leurs enfants, l'élaboration de la planification scolaire, de les inclure dans le conseil d'établissement. La Constitution de 1937 reconnaissait déjà le rôle principal des parents dans l'éducation. Un point de vue qui contraste avec les laboratoires pédagogiques français au sein desquels on parle d'« éduquer les parents » ou de les « accompagner dans leur parentalité ».

Valoriser les familles, leurs cultures, et surtout leurs talents va permettre de diminuer le sentiment d'isolement, et le conflit entre l'école et la famille au sein même de l'esprit de l'enfant.

Un matin d'avril, Mario doit dessiner sa maison, comme chacun de ses camarades. Cependant, Mario vit en caravane. Alors, il dessine sa caravane. C'est sa maison. Sa famille. Son identité. Pourtant, en voyant les yeux exorbités de sa maîtresse, Mario a rapidement compris que sa famille n'appartenait pas à la culture dominante. Cet exemple, un peu extrême, témoigne du jugement permanent que l'école porte sur la famille. Il est fort dommage que cette enseignante n'ait pas profité de cette opportunité pour aborder les communautés des gens du voyage et le nomadisme.

La valorisation de l'environnement familial a plusieurs formes. Les parents peuvent animer des ateliers artistiques, culinaires, scientifiques, l'école peut inviter les familles à initier enseignants et élèves à leur langue d'origine ou à présenter leur métier, leur passion, leur rôle dans le monde politique, ou syndical par exemple. Il faut aussi encourager et accepter le bénévolat à l'école. Toutes ces initiatives mettent en valeur la diversité des cultures, les modes de vie, les langues.

Vers une coopération globale

La possibilité de la mixité de toutes les intelligences implique la collaboration avec les filières médicales et paramédicales comme les ergothérapeutes, et les orthophonistes. En effet, la lutte contre la pathologisation serait néfaste si elle niait les besoins spécifiques de certains enfants.

Il semble urgent de créer une école participative, au sein de laquelle les parents, dont nous avons abordé le rôle primordial, les enseignants mais aussi tous les professionnels du médico-social, les intervenants extérieurs et le personnel des collectivités territoriales, échangent entre eux, avec les élèves et coopèrent. Ce noyau de référence est le garde-fou de la violence intra-élèves, mais aussi institutionnelle. En travaillant en collaboration étroite, et en étant plus proches de leurs élèves, les dérives encore aujourd'hui observables – à savoir la violence physique (très rarement), mais surtout la violence psychologique (humiliations, dénigrement, exclusion) – véhiculées par l'enseignement prédictif seront nécessairement atténuées. Une organisation coopérative, fondée sur la confiance, aurait également, en toute logique, des effets sur la violence au sein du foyer, qui tue actuellement, en France, un enfant tous les cinq jours.

Et pendant que nous nous déchirons comme un couple divorcé, « parents toxiques » et « professeurs décérébrés », nos enfants attendent. Que feraient-ils d'un violon sans archet ? Que feraient-ils d'un archet sans violon ? Leur envol dépend de notre union.

15.

Le monde du travail se les arrachera

Ni l'étude sociologique ni les neurosciences ne détermineront l'échec de nos enfants. L'existence de l'échec scolaire dépend du système scolaire que nous organisons. Les orientations scolaires d'une société sont un choix politique. Par sa gestion de l'école, la société oriente les priorités et les valeurs du monde de demain. Aussi n'y a-t-il rien de plus risible que cet argument consistant à légitimer la contrainte et l'appauvrissement des esprits par une « préparation au monde du travail ». Qui fera le monde du travail demain ? Si les enfants d'aujourd'hui sont éduqués différemment, les adultes et les travailleurs de demain ne seront plus les mêmes.

Voir plus grand

Imaginez un sentier à flanc de montagne. Des centaines d'individus marchent et se suivent. Sur ce chemin, il y a de nombreux tunnels, à hauteur et largeur d'un homme moyen. Pour les traverser, ceux qui sont trop grands, ou trop gros, doivent se contorsionner. Lorsqu'ils expriment leur douleur ou retiennent leur souffle, les autres les poussent et les exhortent à faire des efforts. Plus on progresse sur le sentier, plus on remarque des gens assis, souvent aux abords des tunnels. Ils ont abandonné. Parfois, ils se laissent mourir. Et là, les hommes de la montagne demandent : pourquoi n'avons-nous pas creusé des galeries plus grandes et plus larges ? Notre société est à l'image de ce chemin : nous devons voir plus grand, et plus large. Comment osons-nous demander à des individus d'avoir le sens du collectif, alors que le collectif les ignore ? Pour construire le monde de demain, pour réagir aux exigences urgentes, les gens ont besoin de considération et d'avoir la possibilité de s'accomplir. En proposant un système scolaire puis un monde du travail qui perpétue la réussite d'une seule catégorie de la population, le contrat social perd toute sa valeur.

La quête d'une société plus juste et respectueuse des diversités ne s'achèvera qu'avec l'homme, mais nous sommes à l'aube d'une évolution d'ampleur. Parce que nous sommes las de répéter, reformuler les préconisations des pédagogues du passé. Parce que la crise du Covid-19 nous contraint à sortir de notre torpeur. Elle met en évidence les terribles erreurs et la vanité dans lesquelles nous nous prélassions. Elle nous a confrontés à l'imprévu. Elle nous a appris que la normalité n'est pas immuable. Dans un contexte ou être isolé et inventer de nouveaux modes de communication deviennent une habitude, les « adaptés » ne sont plus les mêmes.

Parce que les exigences quotidiennes sont devenues différentes, la crise du Covid-19 et le confinement ont révélé le caractère arbitraire de la normalité. Les tempéraments solitaires ou excessifs, sensibles ou autonomes, lents ou indépendants qui peinent encore à se faire une place dans le monde du travail, étaient finalement les plus adaptés à la situation. Certains appréciaient le calme, la solitude et la lenteur, tandis que d'autres brûlaient à l'intérieur. Imaginez qu'en temps normal, les premiers sont en souffrance.

Recruter des enseignants « anormaux »

Pour lutter contre l'échec scolaire, la mixité doit être étendue aux enseignants aussi. L'école a besoin d'être envahie de personnalités passionnées, de profils cabossés, d'individus qui, à cause de leurs caractéristiques physiques ou mentales, ont peiné à se frayer un chemin. L'école a besoin de compter dans ses effectifs ceux qu'elle a exclus ou humiliés pour remettre en cause la normalité, et construire une école juste et équitable. Par ailleurs, en France, l'Éducation nationale ne recrute que la moitié des quotas exigés d'enseignants handicapés, dont la plupart sont reclus dans les tours administratives. Le seul professeur « handicapé » que j'ai connu n'a pas pu terminer son année de stage, tant les relations avec les élèves et sa hiérarchie furent compliquées. Quant aux enseignants en situation de handicap invisible, ou tout simplement « atypiques », les dispositifs d'écœurement ne manquent pas.

Je me souviens avoir été frappée par la réflexion d'un formateur rattaché à ce que l'on appelle depuis peu l'INSPE (Institut national supérieur du professorat et de l'éducation), nous expliquant à nous, jeunes enseignants, que nous étions « tous pareils », avions été de bons élèves et étions compatibles avec les exigences scolaires. Ce jour-là, j'ai réalisé à quel point la plupart des enseignants sont identiques. Leurs parcours, leurs références sont en tous points semblables, ce qui va naturellement permettre de pérenniser le tri opéré entre les élèves « scolaires » et les autres. Entre enseignants « normaux », ils entretiennent, bien souvent, la culture de la normalité et ignorent la diversité des relations au monde. Il semble donc opportun de se préoccuper, outre la formation des enseignants, de leur recrutement.

L'indéniable blessure dans la relation entre l'école et l'élève pourrait se résorber en faisant le choix de la diversité des enseignants, et ce pour deux raisons.

Tout d'abord, parce que les enseignants *anormaux* comprennent davantage les difficultés des élèves, et mettent tout en œuvre pour les surmonter avec eux. Ensuite, les enseignants sont des adultes repères, et les élèves a-scolaires ont eu aussi besoin d'être entourés d'une population adulte représentative de la diversité humaine.

Cette présence est un préalable au sentiment de légitimité, qui permet au jeune de prendre *sa* place dans le monde des adultes.

La mixité cognitive au travail

Philanthropie ou intérêt économique ? Nous constatons que de manière progressive le monde du travail s'intéresse à la neurodiversité. Nous avons évoqué précédemment le recrutement de personnes atypiques et dyslexiques par les services secrets britanniques. Dans *Autisme : j'accuse !*, Hugo Horiot[1] recense d'autres professions en recherche de profils atypiques comme l'informatique ou l'analyse de photos aériennes. Quant au footballeur Lionel Messi, c'est probablement grâce à son syndrome d'Asperger qu'il est actuellement considéré comme le meilleur joueur du monde. Le phénomène prend également de l'ampleur dans des sphères moins médiatiques et ne concerne pas uniquement les autistes.

Parce qu'aujourd'hui les minorités se lèvent, demain, elles perdront ce statut. Parce que les minorités prennent la parole, la mixité des intelligences intéresse progressivement le monde du travail. En effet, les dirigeants commencent à comprendre d'une part que le bien-être influe sur la productivité, et d'autre part que la diversité des profils rime avec diversité des compétences. Pour rendre possible cette évolution, il nous faut avoir à l'esprit que la mixité à l'école détermine la société de demain.

Le confinement, le télétravail, la nécessité de s'adapter ont initié le monde professionnel à un mode de travail plus flexible. On observe que de plus en plus

1. Hugo Horiot, *Autisme : j'accuse !*, L'Iconoclaste, 2018.

d'adultes nient la fatalité de l'échec, prennent l'initiative de s'instruire par eux-mêmes, réorientant leur parcours si besoin. Les parcours atypiques interrogent moins qu'avant, au contraire, ils fascinent. Les reconversions sont de plus en plus nombreuses et inattendues.

Maints ouvrages et sites de management répertorient les compétences extraordinaires qu'il faut valoriser au sein d'une entreprise : créativité, esprit d'initiative, sens de la justice, indépendance, ou esprit d'équipe… Tout en rappelant l'innocuité de certains comportements atypiques comme le mutisme ou un syndrome de Gilles de la Tourette par exemple. Certains s'accordent à dire que la présence d'une personne en situation de handicap est bénéfique en matière de cohésion, de solidarité et de créativité.

Au-delà de ces considérations économiques, l'impératif éthique devient évident. Le destin de ces exclus, de ces demandeurs d'emploi dont l'avenir fut cassé pour un détail, une passion, une sensibilité, une anomalie, une dyslexie, un malentendu entre leur esprit et l'école, devient insupportable.

La parole des minorités, qu'elle soit gestuelle, écrite ou verbale, humanise et met en exergue leur appartenance à la société. Il est fort à parier que la ségrégation cognitive paraîtra un jour inhumaine et datée d'un temps obscur.

Les prémisses d'une transition du monde du travail vers un fonctionnement plus respectueux de la diversité et plus responsable sont palpables. Cette révolution semble inéluctable.

Il n'en demeure pas moins que la route est encore longue. Le respect de la mixité cognitive au travail ne peut exister que s'il dépasse les exigences de productivité. Lorsqu'une entreprise de fast-food se targue de faire de l'inclusion et d'employer des personnes « en situation de handicap », alors qu'elle se contente de sous-traiter la production de ses pailles par une société « adaptée », c'est-à-dire une entreprise où les personnes handicapées travaillent entre elles, aux périphéries de nos villes, c'est très nettement insuffisant. La société et les minorités construisent progressivement ce monde plus inclusif. La création, par des personnes marginalisées, de leur propre entreprise, qu'elle soit individuelle ou collective, en est un signal fort, comme la présence, en 2020, de personnes handicapées parmi les conseillers municipaux de nos villes, à l'instar d'Éléonore Laloux[1].

En outre, la révolution du monde du travail et celle de l'école ne peuvent qu'être simultanées. Sans cela, elles risquent de s'annuler l'une et l'autre. Il y a, au sein même de la folie productiviste et consumériste, de la résistance, de la réflexion, de l'engagement, pour rendre le monde plus humain, dépasser les discriminations et les logiques d'échec. Nous pouvons suivre cet élan en agissant, en humanisant notre école. Lutter contre la phobie scolaire, encourager l'estime de soi, élargir les modes d'apprentissage, abolir la hiérarchie des intelligences sont des leviers indispensables à la construction d'une société plus juste et plus inclusive, animée par des personnes sereines, accomplies, dotées d'un esprit d'initiative et de solidarité inédit.

---

1. Conseillère municipale d'Arras, Éléonore Laloux est porteuse de trisomie 21.

CONCLUSION

Inventons l'école de toutes les réussites

La réflexion pédagogique a été trop longtemps dénigrée au profit d'une culture du résultat inapplicable à l'humain. L'individu est une volonté en mouvement. Son identité n'est pas fixe, elle évolue continuellement. Aussi école, travail, société doivent être réactifs.

Pour sortir de l'organisation scientifique de l'école, encore faudrait-il en avoir conscience. Pour en avoir conscience, il faudrait que les acteurs et les décideurs de la pédagogie pratiquent, de toute urgence, une philosophie de l'éducation. La réactivité, qui implique un mouvement et une adaptation constants, requiert au préalable une éthique.

L'application systématique de préconisations scientifiques garantit une école déterministe et désincarnée, pourvoyeuse d'échec. Si bien que nous oublions de nous interroger sur la finalité de notre présence, sur ce que nous souhaitons apporter à ces jeunes qui nous sont confiés, sur ce que nous ne souhaitons pas leur imposer. La philosophie doit être omniprésente dans la formation des enseignants et dans celle des élèves. Elle répondra à la demande croissante de sens, de justice et de respect de la diversité des intelligences, qui n'a rien d'une coquetterie !

Créer des états généraux de la neurodiversité

Exiger l'épanouissement scolaire de tous les individus, quel que soit leur profil cognitif, ne signifie en aucun cas en appeler à l'individualisme. À l'inverse, une école qui respectera toutes les individualités permettra l'émergence d'une communauté plus authentique et moins factice que celle que nous connaissons. En effet, plutôt que de proposer un modèle d'élève figé et de hiérarchiser le degré de ressemblance de nos enfants à ce modèle, nous avons besoin de travailler sur la complémentarité des différents profils.

La diversité des intelligences est si infinie qu'une grande concertation populaire s'avère inévitable afin de transformer en profondeur notre système éducatif.

Nous devons au plus vite instaurer des états généraux de la neurodiversité. Nous devons mettre tout notre enthousiasme et toute notre énergie au service de cette cause majeure, de cette révolution philosophique qui implique une nouvelle vision de l'intelligence, et, de fait, du monde.

Pour avoir recensé à plusieurs reprises les propositions pédagogiques de mes élèves, il m'est apparu évident que ceux-ci étaient parfaitement en mesure d'exprimer leurs besoins. Certains ont exprimé leur souhait d'apprendre seul, d'autres celui d'être accompagné, ou de progresser sur plusieurs projets simultanément. Les besoins de pause, les temps de concentration, les appétences n'étaient jamais exactement les mêmes, ce qui m'a permis de prendre conscience de la nécessité de réinventer une école prenant en compte ces variables. Les états généraux de la neurodiversité accompagneront la renaissance de l'éducation, en prenant en considération l'expérience et le vécu des enfants, mais aussi des enseignants.

Devant la pression populaire et le mécontentement des usagers, l'école feint de prendre en compte la pluralité des besoins en saupoudrant les circulaires de mots-clés, mais elle ne modifie en rien son cadre. Or, une telle révolution intellectuelle implique non pas quelques aménagements hasardeux, mais bien une révolution des pratiques.

En l'absence d'une prise en considération sérieuse de la diversité cognitive, nous risquons de voir proliférer toutes sortes de spécialistes, de coachs ou de promoteurs de gadgets numériques s'abreuvant de la détresse des familles et des individus marginalisés. Nos intelligences méritent mieux que la superficialité et le mercantilisme.

Une école qui assume la diversité

L'association La Neurodiversité-France que j'ai fondée avec des enseignants, des artistes, des parents, des travailleurs sociaux et des spécialistes, organise des rencontres, des prix littéraires, des actions auprès des élèves et du grand public. Il ne s'agit pas de rendre les enseignants psychologues, neurologues, ou médecins. Il s'agit de leur permettre de prendre la distance nécessaire avec le normal et le conformisme pour fonder une école plus juste, qui assume la diversité de l'humanité.

Parents, professionnels, associations et élèves doivent être conviés à présenter les différents profils cognitifs au corps enseignant afin que ceux-ci dépassent le stade de la crainte et de l'impuissance. À ce jour, cette collaboration reste inexistante et les rares enseignants formés l'ont été sur leurs propres deniers et sur leur temps libre. Cela peut paraître naïf, mais l'échange, et la mise en situation sont des moteurs concrets pour insuffler un nouvel humanisme au sein de l'institution.

Avec une formation adéquate, les enseignants pourraient non seulement porter un autre regard sur la pluralité des besoins et des modes de communication des élèves, mais aussi avoir accès à des données qui leur permettraient d'élargir leurs pratiques. Comme nous l'avons évoqué précédemment, la considération, les moyens et la flexibilité accordés aux enseignants seront déterminants.

La révolution est entre nos mains

À peine le confinement annoncé, l'école, autoproclamée garante contre les violences et les carences familiales, revendiquait son caractère indispensable. Nos dirigeants souhaitent s'assurer, tout en parlant d'état de guerre, que les enfants poursuivent leur scolarité et ingurgitent leurs programmes selon la cadence habituelle.

Bien évidemment, les classes populaires furent, et sont encore, les perdantes de cette continuité, et pour cause : comment faire travailler son enfant l'équivalent d'une journée de classe lorsqu'on a passé sa propre journée à livrer des colis, à tenir une caisse de supermarché ou à désinfecter un centre commercial ? Comment ouvrir les mails, imprimer les documents sans matériel ? Oui, certains enfants furent dramatiquement surexposés aux écrans, d'autres se sont mal alimentés ou n'ont pas ouvert un livre pendant plusieurs mois.

Mais les difficultés et les inégalités n'ont pas été causées par le Covid-19. Elles lui préexistaient. La fermeture des écoles ne fut rien d'autre que la continuité de l'échec. L'opinion publique s'indigne de l'abandon des quartiers populaires et de la faible réouverture des classes, mais la désertion des zones d'éducation prioritaire est loin d'être un phénomène nouveau.

La pandémie a confirmé les inégalités sociales, mais aussi les inégalités cognitives. Les supports fournis, les méthodes préconisées jusqu'aux consignes ne respectaient pas les développements et les besoins particuliers des enfants. Aussi les familles ont-elles rivalisé de créativité pour proposer du matériel et des conditions de travail adaptées, comme l'utilisation de plusieurs supports ou la traduction des consignes.

Ce contexte anxiogène ne constituerait-il pas une occasion inespérée de repenser notre système scolaire avec humanité et ambition ?

Le confinement a mis en exergue des réalités qui doivent orienter une révolution de l'école. Il a tout d'abord confirmé l'existence et l'universalité de l'apprentissage volontaire : nombre d'enfants apprenaient et créaient au-delà des contraintes.

Cette expérience a aussi prouvé aux enseignants et aux élèves qu'une autre relation était possible, plus particulière, plus soucieuse de l'autre, moins coercitive. Les conversations mail, téléphoniques, les partages de ressources entre les professeurs et les familles ont contribué à envisager l'école sous le prisme de la transmission et de la collaboration.

Certains enseignants ont montré, pendant le confinement, mais aussi au moment de la reprise partielle, qu'ils étaient en mesure d'adopter une posture réactive, et de s'adapter de manière créative à une situation pour le moins inédite et inconfortable. Nous avons besoin d'eux pour construire l'école de demain.

Dans les lycées chics comme dans les établissements de ZEP, les enseignants ont rapporté que des élèves décrocheurs, absents, s'étaient réinvestis dans le travail scolaire à l'occasion du confinement, mettant en valeur le caractère contextuel des capacités scolaires. Ces retours méritent d'être pris en compte dans l'élaboration d'un nouveau système. Pourquoi ces élèves trouvaient-ils leur compte dans la solitude et l'autonomie ?

La continuité pédagogique ne nous intéresse pas. En annulant notre vie quotidienne, l'épidémie met en évidence son caractère aléatoire. Nous ne voulons pas assurer la survie de cette école. Aujourd'hui, alors que les rythmes, les rituels, les organisations, les exigences, la normalité et les lois scolaires sont bouleversés, il faut exiger, plus que jamais, une autre construction de l'école, porteuse d'une pédagogie réactive, respectueuse des mouvements incessants et de la diversité des intelligences humaines. Aujourd'hui, pour la première fois, l'école est fragile, hésitante, indécise. Ses certitudes lui semblent des illusions face à l'urgence vitale. Le temps est venu de la construire plus juste, plus flexible, plus équitable.

Il est désormais envisageable de renverser notre organisation scolaire sans craindre l'inconnu, car nous sommes déjà plongés dans l'obscurité. Il ne tient qu'à nous de renverser l'immuable, et de construire, pour l'humanité, des milliards de chemins radieux.

BIBLIOGRAPHIE

Ouvrages

André ANTIBI, *La Constante macabre*, Éditions Math'Adore, 2003.

Thomas ARMSTRONG, *Neurodiversity in the Classroom*, ASCD, 2012.

Nicolas de CONDORCET, *Rapport et projet de décret sur l'organisation générale de l'instruction publique*, présenté à l'Assemblée nationale au nom du Comité d'instruction publique, 1792.

Françoise DOLTO, *La Difficulté de vivre*, Gallimard, 1995.

Hugues DUFFAU, *L'Erreur de Broca*, Michel Lafon, 2016.

Célestin FREINET, *La Méthode naturelle*, t. I, *L'Apprentissage de la langue*, Marabout, 1975.

James GLEICK, *La Théorie du chaos*, Flammarion, 2008.

Michel HABIB, *Les Constellations dys*, De Boeck, 2014.

Philip R. HARRIS, *The New Work Culture: HRD Transformational Management Strategies*, HDR Press, 1998.

Hugo HORIOT, *Autisme : j'accuse !*, L'Iconoclaste, 2018.

Hélène LEENDERS, *Der Fall Montessori*, Julius Klinkhardt, 2001.

Michel de MONTAIGNE, *Essais*, Gallimard, 2009.

Maria MONTESSORI, *Anthropologia Pedagogica*, Vallardi, 1911.
Laurent MOTTRON, *L'Autisme, une autre forme d'intelligence*, Mardaga, 2004.
Fran PEEK, Lisa L. HANSON, *The Life and Message of the Real Rain Man*, Dude Publishing, 2001.
Henri POINCARÉ, *La Valeur de la science*, Flammarion, 1905.
Robert ROSENTHAL, *Pygmalion in the Classroom*, Holt, Rinehart and Winston, 1968.
Léon TOLSTOÏ et France ROY, *Textes pédagogiques*, Fabert, 2017.

Articles

Edward DECI, Richard KOESTNER, Richard RYAN, « A Meta-Analytic Review of Experiments Examining the Effect of Extrinsic Rewards on Intrinsic Motivation », *Psychological Bulletin, America Psychological Association*, 1999.
Françoise DUPUY-MAURY, « La dyslexie, une affaire de langue », site de l'académie de Grenoble, 2001 : http://www.ac-grenoble.fr/disciplines/italien/file/orientation/dyslexie.pdf
Andrew S. GARNER, Robert MURRAY et Catherine RAMSTETTER, « The Crucial Role of Recess in School », *Journal of School Health*, 2010.
Amadi O. IHUNWO *et al.*, « The Dynamics of Adult Neurogenesis in Human Hippocampus », *Neural Regeneration Research*, 2016 : https://www.ncbi.nlm.nih.gov/pmc/articles/PMC5270414/
Hélène LEENDERS, « A special Meaning of "Health". Towards a Theory-Immanent Explanation for the Use of the Montessori Pedagogy in Fascist Italy (1926-1934) », *Researchgate*, 2018.

Juliette PERCHAIS, site Stories of Inspiring Teachers : http://www.storiesofinspiringteachers.com/

Cai YIWEN, « How Dyslexia Remains Invisible in Chinese School », *Sixt Thone*, 2018 : shttps://www.sixthtone.com/news/1001806/how-dyslexia-remains-invisible-in-chinese-schools

Vincent WOOD, « GCHQ Targeting Dyslexic and Neurodiverse People in Recruitment Drive, Spy Chief Says », *The Independent*, 2019 : https://www.independent.co.uk/news/uk/home-news/gchq-jobs-recruitment-intelligence-spy-jeremy-fleming-dyslexia-disability-neurodiversity-a9163996.html

REMERCIEMENTS

Ma gratitude vient en premier lieu à Ariane Molkhou, pour sa patience, sa pertinence et son soutien passionné. Merci aux éditions Albin Michel, en particulier à Lise Boëll et Estelle Cerutti, pour leur confiance et leur implication.

Merci à Marc, à nos merveilleux enfants, mes parents, Ugo, Léo, et à toute ma famille pour leurs encouragements.

Merci à Pierre Ancet, Jérôme Roudier, Juliette Taffin pour leurs relectures et leurs conseils avisés. Merci à Gerard Speranza pour les traductions.

Merci à tous mes élèves, des tout-petits aux retraités, de m'avoir appris à me défaire de mes *a priori* sur la connaissance et sur l'intelligence.

Merci au laboratoire Georges Chevrier de l'université de Bourgogne de m'avoir permis de me lancer dans cette recherche pour une éducation au plus près de la neurodiversité.

Je tiens à remercier également les scientifiques, enseignants, accompagnants, éducateurs, parents, qui ont partagé avec moi leurs expériences, leurs pratiques, leurs questionnements, leurs révoltes :

L'échec scolaire n'existe pas !

Danièle Alexandre-Bidon, Alice Bafoin, Pierre-André Balestrieri, Sabrina Berthelard, Samuel Bourguignon, Sarah Brach, Fabienne Cavin, Jérôme Chabot, Clémentine Chambard, Séverine Chanel, Christophe Chomant, Marie-Odile Contzler, Marie Couronne, Pauline Fouilland, Stephanie Futin, Yannick Hermary, Hugo Horiot, Bruno Jay, Laura Jouvenceaux, Flora Lacour-Fillol, Hélène Leenders, Laetitia Limoges, Marie-Pierre Maldant, Cécile Mangeon-jean, Myriam Marcellino, Catherine Marchi, Chloé Millerand, Flavie Morin, Mélanie Ouimet, Olivier Paolini, Charlotte Parzyjagla, Coralie Renard, Dimitri Sandler, Guy Sapin, Béatrice Sauvageot, Carla Schiappa, Anne-Laure Seurat, Perrine Sonneville…

L'IEM du Bord de Lys : Céline Hasbrouk, Céline Carette et Joël Decat.

L'école Nikola-Tesla : Clara Gomez, Kelly Kranzer, Maëlys Mercier, Marie Roure.

Et enfin, merci à tous les enfants d'être si imprévisibles et de préserver ainsi notre humanité.

TABLE DES MATIÈRES

Introduction. L'échec n'est pas une fatalité...... 9

1. « Elle ne sait pas lire à 7 ans ! Elle n'est pas normale ! »............................ 17
2. Tous différents, tous doués.......................... 31
3. « Il fait encore la sieste ! »........................... 47
4. Adapter le rythme et l'environnement scolaire est indispensable 59
5. « Je veux apprendre à lire l'heure à l'envers ! » 79
6. Personnaliser les stratégies d'apprentissage.... 91
7. « Je suis un bon à rien ! »........................... 107
8. Valoriser le rôle et les forces de chacun 117
9. « Dans sa tête, c'est le vide psychique »...... 149
10. Adopter une pédagogie réactive 159

11. « Qu'est-ce que je fous là ? »........................ 169
12. Repassionner l'école 175
13. « Quel débile ce prof ! »............................... 207
14. Coéduquer : la clé de la réussite................ 217
15. Le monde du travail se les arrachera.......... 231

Conclusion. Inventons l'école
de toutes les réussites 239

Bibliographie.. 247
Remerciements... 251

Composition : Nord Compo
Impression CPI Bussière en août 2020
Éditions Albin Michel
22, rue Huyghens, 75014 Paris
www.albin-michel.fr
ISBN : 978-2-226-45112-5
N° d'édition : 24000/01 – N° d'impression : 2050183
Dépôt légal : septembre 2020
Imprimé en France